资本 中国资本市场高端读本

学术支持　北京大学金融与产业发展研究中心

　　　　　德稻教育何小锋大师工作室

运营支持　北经堂（北京）文化交流有限公司

CAPITAL

主　　编　何小锋
执行主编　黄　嵩

资本

新三板

008

中国发展出版社
CHINA DEVELOPMENT PRESS

图书在版编目（CIP）数据

资本：新三板/何小锋主编. — 北京：中国发展出版社，2015. 4

ISBN 978-7-5177-0312-9

Ⅰ. ①资… Ⅱ. ①何… Ⅲ. ①资产证券化—研究—中国 Ⅳ. ①F832. 51

中国版本图书馆 CIP 数据核字（2015）第 072469 号

书　　　名：资本：新三板
著作责任者：何小锋
出 版 发 行：中国发展出版社
（北京市西城区百万庄大街 16 号 8 层　100037）
标 准 书 号：ISBN 978-7-5177-0312-9
经　销　者：各地新华书店
印　刷　者：北京科信印刷有限公司
开　　　本：700mm×1000mm　1/16
印　　　张：7
字　　　数：87 千字
版　　　次：2015 年 4 月第 1 版
印　　　次：2015 年 4 月第 1 次印刷
定　　　价：20. 00 元

联 系 电 话：（010）68990630　68990692
购 书 热 线：（010）68990682　68990686
网 络 订 购：http：//zgfzcbs. tmall. com//
网 购 电 话：（010）88333349　68990639
本 社 网 址：http：//www. develpress. com. cn
电 子 邮 件：bianjibu16@ vip. sohu. com

卷首语

PREAMBLE

2013年12月14日，国务院发布《关于全国中小企业股份转让系统有关问题的决定》（以下简称《决定》），标志着经过八年多试点的“新三板”（全国中小企业股份转让系统是其正式名称），正式向全国所有企业开启。

新三板跟主板（中小板）和创业板一样，都是中国多层次资本市场的重要组成部分。新三板定位于服务创新型、创业型、成长型中小微企业，为其提供股份公开转让、股权融资、债券融资、并购重组等服务，也是缓解中小企业融资难的重要手段。正如《国务院关于全国中小企业股份转让系统有关问题的决定》所指出的，发展新三板是“为更好地发挥金融对经济结构调整和转型升级的支持作用，进一步拓展民间投资渠道……缓解中小微企业融资难”。

相对于主板（中小板）和创业板，新三板具有“两低一高”的特点：首先，门槛低，对挂牌公司无财务指标要求；第二，成本低，挂牌初费仅为主板市场的十分之一、创业板市场的五分之一，挂牌年费为主板市场的一半；第三，效率高，新三板挂牌比交易所上市更加便捷、速度更快，审核周期一般不超过3个月。

国联证券股份有限公司副总裁李正全博士的《新三板：回顾、展望与建议》，以及财达证券有限责任公司副总裁尚文彦博士的《创新发展中的新三板》，基于自身多年的新三板研究、设计、实践经验，对中国新三板发展历程、现状和前景，进行了全面精到而又不失个人独特认识的介绍。

新三板对挂牌企业没有财务指标要求，但是并不是说所有新三板没有挂牌条件。《全国中小企业股份转让系统业务规则（试行）》明确规定："股份公司申请挂牌应当符合下列条件：（一）依法设立且存续满两年。有限责任公司按原账面净资产值折股整体变更为股份有限公司的，存续时间可以从有限责任公司成立之日起计算；（二）业务明确，具有持续经营能力；（三）公司治理机制健全，合法规范经营；（四）股权明晰，股票发行和转让行为合法合规；（五）主办券商推荐并持续督导；（六）全国股份转让系统公司要求的其他条件。"

那么，企业如何结合自身情况来具体判断是否符合上述条件？德恒上海律师事务所高慧律师的《新三板挂牌条件法律解读：常见问题与解决方案》，对此进行了详细剖析。

中银万国证券股份有限公司场外市场总部副总经理徐业伟先生的《新三板与投资机构》，从投资机构的角度来分析、探讨新三板，角度新颖。北京大学黄嵩副教授则从另一个角度阐述了《新三板对中小企业意义重大》。

广东奥美格传导科技股份有限公司是新三板全国扩容后的第一批挂牌企业之一，公司董事长柳中心先生的《新三板：中小企业梦想的舞台》，用他的亲身经历跟我们分享了一个新三板挂牌的典型案例。

中国的新三板还在继续建设发展之中，国际经验能够为我们提供启发和参考。国务院发展研究中心金融研究所三位专家朱明方、张承惠、田辉的《场外交易市场建设的国际经验》一文，值得细读。

目　录

CONTENTS

专　题 >>>

案　例 >>>

讲　座 >>>

资本

新三板

①

Capital

专　题

新三板

回顾、展望与建议

◎李正全

《国务院关于全国中小企业股份转让系统有关问题的决定（国发〔2013〕49号）》（以下简称“《决定》”）的发布为全国中小企业股份转让系统（以下简称“新三板”）奠定了法理基础，在中国证监会及全国股转公司的共同努力下，新三板相关配套政策密集出台，新三板动态成为财经媒体竞相追逐的焦点，成为这个冬天资本市场最为引人注目的改革。然而，尽管新三板政策空间已打开，定位及交易规则逐渐明朗，但与成熟市场相比，新规则正在逐渐完善过程中，尚无现成数据或案例可以直接参考，且存在进一步调整完善的政策空间和可能性，新三板的发展完善不仅取决于自身，还取决于中国资本市场市场化改革整体设计及进展，同时，新三板的良好发展及设计反过来也可以推动整个中国资本市场的市场化改革。

一、回顾

三板市场起源于2001年设立的证券公司股权代办转让系统，最早是为了承接原STAQ网、NET网系统挂牌公司和沪深退市公司的挂牌交易系统。2006年，为了探索资本市场推动创新创业型中小企业发展的新路子，经国务院批准，由证监会牵头，在证券公司代办股份转让系统（俗称“老三板”）基础上，正式启动了北京中关村科技园区非上市股份有限公司股份报价转让系统，鼓励注册在中关村科技园区内的高新技术企业通过该系统挂牌进行股份报价转让试点，为区别“老三板”，业界将其称为“新三板”。

新三板在中关村园区试点期间，主管机构为中国证券业协会，交易系统挂在深圳证券交易所①。在推荐挂牌程序上，新三板强化了挂牌公司的信息披露及主办券商尽职责任，以券商的尽职调查、推荐挂牌和协议转让为核心，协会只做形式审核，只要公司能真实、准确、完整地披露信息就可以通过备案。2006年1月23日，两家中关村科技企业——世纪瑞尔（430001）和中科软（430002）首批进入代办股份转让系统挂牌交易。截至2011年年底，102家企业参与中关村代办股份报价转让试点②。通过挂牌，中关村的中小企业不仅增加了融资渠道，而且在提升形象、增强信誉、拓展市场、优化公司治理等方面均有改善，加大了对人才吸引力，业绩持续增长，平均净资产收益率远超过了主板及创业板上市公司，其中挂牌较早的世纪瑞尔等7家挂牌公司通过挂牌后做强做大，最终成功实现了在中小板和创业板转板首发上市③。挂牌企业的转板，不仅为企业发展提供了更高的平台，而且为这些企业在新三板挂牌期间参与其定向增资的投资者带来了丰厚的回报，产生了巨大的财富效应，引起

---

① 新三板在中关村试点期间，挂牌工作除了主管机构和系统提供单位，还有证监会作为试点工作统一组织协调和规则核准，科技部负责科技园区及科技企业相关政策协调，中关村管委会负责北京市政府挂牌试点推荐函以及企业风险监管和处置，组成了五方联合工作组。

② 2012年9月，新三板试点扩容，挂牌范围除了中关村外，还增加了上海张江、武汉东湖、天津滨海三家国家级高新自主示范园区内注册的企业，这些地区企业挂牌时间较短，挂牌对企业发展的影响整体上看尚不明显。

③ 其中，2009年，久其软件（430007）、北陆药业（430006）分别登陆中小板和创业板；2010年，世纪瑞尔（430001）登陆创业板；2011年，佳讯飞鸿（430023）、紫光华宇（430008）登陆创业板；2012年，博晖创新（430012）、东土科技（430045）登陆创业板，安控科技（430030）通过创业板发审委审核。截至2013年11月，还有10家新三板挂牌企业启动或等候IPO审核。

了社会的普遍关注。

鉴于中关村试点的较好效果，证监会从 2009 年起，每年都将加快推动新三板发展列入当年的重要工作日程①。2009 年，“进一步完善代办股份转让系统，探索拓展多层次市场”列入证监会当年 8 项重点工作之一；2010 年，“制定代办股份转让系统扩大试点具体方案，加快场外市场建设”列入证监会当年 7 项重点工作之一；2011 年，“抓紧启动中关村试点范围扩大工作，加快建设统一监管的全国性场外市场”列入了证监会当年 8 项重点工作首位；2011 年 10 月证监会主席更替，新任主席郭树清没按惯例在 2012 年初确定当年证监会重点工作，但在 2013 年初总结时，将“经国务院批准，设立‘新三板’，正式启动扩大非上市公众公司股份转让试点”列为 2012 年证监会十大重点工作第一项之首；2013 年，“扩大‘新三板’试点范围”列入证监会当年十大重点工作第一项之首。

在国家重视和证监会努力下，新三板的发展明显加快。2012 年 8 月，经国务院批准，新三板开始第一轮扩容，由中关村科技园区扩展到上海张江高新产业开发区、东湖新技术产业开发区和天津滨海高新区，四家国家级自主创新示范科技园区内注册的企业均可通过主办券商申请挂牌；2013 年 1 月 16 日，经国务院批准，全国中小企业股份转让系统公司正式揭牌并取代中国证券业协会成为新三板的主管运营机构，原新三板挂牌企业全部平移到全国中小企业股份转让系统挂牌；2013 年 6 月 18 日，李克强总理主持召开国务院第 13 次常务会，决定将中小企业股份转让系统一次性扩大到全国；2013 年 12 月 14 日，国务院颁布了《国务院关于全国中小企业股份转让系统有关问题的决定（国发〔2013〕49 号）》，明确了新三板的法理基础，紧接着，证监会颁发了新三板相关配套文件，并修改了《非上市公众公司监督管理办法》，全国中小企业股份转让系统公司颁布了新三板挂牌相关业务规则。2013 年 12 月 31 日，全国中小企业

① 2008～2011 年间，围绕全国 OTC 市场，以及新三板扩容后的主导权，发生过一系列事情，包括证监会的扩容方案也一再修改，其中，不乏部门、地方利益等各方的博弈，因涉及较广，在此不做展开。

股份转让系统正式面向全国接收企业挂牌申请。至此，新三板作为全国统一的市场化的证券交易市场地位及运行规则才明确下来。

纵观新三板八年来的发展历程，主要体现了以下几个特点。

1. 以备案制和挂牌企业信息披露为核心，强化了券商的尽职责任

从世界范围内资本市场来看，不论实行注册制还是核准制，各种发行上市制度都离不开实质审查，区别只是鉴定实质审查的阶段和机构不同。在新三板挂牌流程中，实质性审核由主办券商项目小组进行，券商内核委员会作实质性鉴定，协会以及全国股转公司的主要工作是按预先制定的券商尽职调查和内核规则及程序，核查拟挂牌企业的主办券商是否按规定完成了实质性的尽职调查工作、内核工作是否符合要求和信息披露的合规性。如果主办券商已按要求完成了对拟挂牌企业的尽职调查和内核，就能较全面地反映出拟挂牌公司的真实信息，协会以及全国股转公司就给予挂牌备案。这套市场化机制设计，通过强化主办券商的尽职责任，以公司信用和券商信用取代了政府信用，实现了市场主体归位尽责，有效促进挂牌公司真实完整地披露信息。同时，这种实质性审核程序的前移和分散化，以及备案流程的透明化，不仅明确了监管者与承办者之间的职责，较好地解决了实质审查与形式审查分工配合的问题，而且大大提高了审查效率，减少了寻租空间。实践表明，证券业协会从受理备案文件到出具备案确认函的平均周期在 54 个工作日，而全国股转公司则将时间进一步缩短为 40 个工作日。

2. 通过挂牌效应，有效促进了创新型中小企业的发展

截至 2012 年年底，在新三板的挂牌公司中具有高新技术企业资格的占 90%，具有一定科技含量和高成长性但缺乏有效资产抵押担保是高新技术企业的普遍特征，在传统信贷模式下，这些企业很难从银行获得贷款，但通过挂牌强化企业的真实信息披露，这些企业不仅增强了自身信誉，可以股权质押方式直接从银行获得贷款，而且还可以通过定向增资，

以自身业绩成长吸引众多机构投资者，获得发展资金。以中海阳（430065）为例，在公司挂牌前曾接触了50家以上的VC，但都未能引入资金，公司挂牌仅一年就完成了两次定向增资，募集资金3.2亿元。统计数据表明，截至2012年年底，新三板43家挂牌公司完成52次定向增资，累计募集资金22.82亿元，平均每次募集超过4000万元，平均市盈率22倍。

3. 新三板影响逐渐扩大，对挂牌企业和投资者吸引力日趋增强

新三板试点八年来，影响逐步扩大，挂牌企业数量呈现逐年增加态势。截至2013年10月31日，共有333家企业在全国中小企业股份转让系统挂牌，其中2013年1～10月新挂牌企业达到126家，超过了2012年全年的105家及2006～2011年挂牌企业数的总和。通过参与挂牌企业的定向增资，投资者不仅从企业转板中获得巨大财富效应，而且从企业成长中获得了实在的收益。从新三板挂牌公司2013年6月部分公司股票交易信息看，清畅电力（430057）等4家挂牌公司的成交价较上一次成交价增幅均超过了50%，其中增幅最高的清畅电力超过了185%。

4. 新三板以机构投资者为主，交易活跃度低，市场波动小

在新三板新交易规则出台前，挂牌企业在地域上绝大部分时间局限在中关村地区，国内其他地区优质企业无法通过挂牌展现自身成长潜力，企业融资以向机构投资者定向增资为主，融资手段较单一，交易量不活跃。2013年，新三板总计成交989笔，成交股数2.02亿股，总金额8.14亿元，而在中小板及创业板市场，很多上市公司一天的成交额就超过了新三板全年交易金额。同时，基于供给方自身信用以及需求方为机构投资者的制度设计，使得新三板市场具有更好抗风险能力。在新三板由试点走向扩容的八年中，证券交易所市场经历了多次大的起伏，但新三板市场一直较为理性，未出现大的波动。

二、展望

八年实践为新三板发展完善奠定了良好的制度基础，新规则体系基本建立。但是，新规则建立时间较短，尚没有现成数据或案例可以参照，而《决定》本身原则性规定也为新三板预留了很大调整空间。下面，我们先根据新的规则从多层次资本市场的角度，对新三板进行比较分析；然后，再从国内资本市场整体改革发展角度对新三板的发展进行展望。

1. 新三板更适合于成长性好、经营较为规范的创新创业型企业

新三板与中小板、创业板的主要指标对比见下表：

指标	新三板	中小板	创业板
经营年限	存续满2年	持续经营满3年	持续经营满3年
盈利	不做要求，可以亏损	最近3个会计年度净利润均为正且累计超过3000万元；最近3个会计年度经营活动产生的现金流量净额累计超过5000万元或最近3个会计年度营业收入累计超过3亿元	最近2年连续盈利，净利润累计不少于1000万元且持续增长；或最近1年盈利，且净利润不少于500万元，最近1年营业收入不少于5000万元，最近2年营业收入增长率不少于30%
资产	不做要求	最近1期末无形资产占净资产比例不超过20%，且不存在未弥补亏损	最近1期末净资产不少于2000万元，且不存在未弥补亏损

续表

指标	新三板	中小板	创业板
股本	500 万元以上（含 500 万元）	发行前股本总额不少于 3000 万元，发行后股本总额不少于 5000 万元	发行后股本总额不少于 3000 万元
主营业务	业务明确	最近 3 年没有发生重大变化	最近 2 年没有发生重大变化
公司治理	完善	完善	完善
信息披露	强制性披露，定期报告	强制性披露，定期报告	强制性披露，定期报告
审核	备案制，券商实质性审核	审核制，证监会发行部审核	审核制，证监会创业板发行部审核
交易	公开交易，1000 股一手，做市商、协议转让及竞价备选	公开交易，100 股为一手，集合竞价	公开交易，100 股为一手，集合竞价
发行	非公开发行，向合格投资者定向增资，投资者累计超过 200 人需向证监会申请核准	公开发行，投资者数量不受限制	公开发行，投资者需签署《创业板市场投资风险揭示书》，投资者数量不受限制
周期	券商进场 3 ~ 6 个月	券商进场 2 年或更长	券商进场 2 年或更长

从对比分析中，我们可以看出，与中小板和创业板相比，新三板对企业股本、资产、营利性等要求较低，但在挂牌时间上由于采取了备案制更具有优势。

尽管新三板挂牌费用较低，但对于成长中的中小微企业①来说仍然是笔不小的开支，主要包括：挂牌直接费用、规范成本以及挂牌后的日常维护费用。

按照目前的市场行情，企业直接挂牌费用打包价一般在 130 万 ~ 150 万元左右（含券商推荐费用、会计师及律师费用），各地方政府都出台了相应奖励政策，给予当地在新三板挂牌企业 50 万 ~ 200 万元不等的现金

① 关于中小微型企业的认定，参见工信部等四部门 2011 年 7 月联合发布的《中小企业划型标准规定》。

补贴，这也就是说企业直接挂牌基本不花钱或只需要花很少的钱；挂牌维护费用主要包括券商的持续督导费、系统信息费和挂牌年费以及会计师事务所每年的审计费用等，一般在20万/年左右；从实践来看，中小企业挂牌的最大支出来自于规范成本，主要包括工商、税务（财务）、环保、社保、海关、质检等在企业挂牌前需要一次性规范到位，而且在企业强制性信息真实披露后，将不再能够从财务不规范操作、隐藏利润、关联交易等方式中获取收益，增加了每年费用。一家年销售收入在3000万元左右的传统型企业其规范成本可能要高达数百万元，这还不算规范后每年增加的隐性支出。

相对来说，成长性较好的企业较容易在资本市场上获得投资者的认可，而经营比较规范的企业规范成本较低，因此，新三板更适合成长性较好、经营比较规范的企业。

2. 新三板交易活跃及可持续发展取决于国内资本市场市场化改革整体进程及设计

对世界各地资本市场，特别是以创新创业企业为主的资本市场的研究表明，一个证券交易市场运行成功与否在于是否能够较好解决融资功能和流动性，前者是提高企业挂牌的积极性，后者则是增强对投资者的吸引力，而市场的可持续发展则在于发现和集聚一批优质企业。

与国外一些较为成功的场外市场以降低信息披露标准、提供税收优惠，甚至强制预备挂牌等方式吸引优质企业不同，目前中国的新三板挂牌标准在信息披露、公司治理、税收等方面与上市公司并没有太大差异。十八届三中全会《中共中央关于全面深化改革若干重大问题的决定》明确提出“健全多层次资本市场体系，推进股票发行注册制改革”，而国务院《决定》更是对多层次资本市场之间有机联系做出了规定：“在全国股份转让系统挂牌的公司，达到股票上市条件的，可以直接向证券交易所申请上市交易。在符合《国务院关于清理整顿各类交易场所切实防范金融风险的决定》（国发〔2011〕38号）要求的区域性股权转让市场进行股权非公开转让的公司，符合挂牌条件的，可以申请在全国股份转让系统挂牌公开转让股份。”这是否意味着新股发行注册制会加快推动，符合上市条件的新三板挂牌公司可以直接到上海或深圳证券交易所上市交易呢？

从法理上看，无论是发行制度的注册制改革还是转板机制的设计都要涉及《证券法》中对股票发行、监管等相关规定条款的修改，考虑交易所市场承受力等等。发行制度的改革还涉及证监会和证券交易所之间的权力格局调整，证券交易所提供相关制度安排等等。在一个以行政审批及券商自主权责弱化等为特征的套利型配给制，与散户为主、需求方承受能力弱相结合的市场上，必须统筹规划、系统推进，任何单方改革或修修补补都很难取得好的效果。最近奥赛康（300361）新股发行事件①更是表明了这一点：新规只考虑增加股票供给却没考虑与其他政策之间衔接，不仅让控股股东高位套现，而且让证监会之前出台的相关措施效果付之东流，引起了社会极大反响，被紧急叫停。奥赛康新股发行被叫停后，证监会随即出台了《关于加强新股发行监管的措施》（中国证监会公告［2014］4 号）直接对发行定价进行了规定。

这也就是说，无论是注册制改革还是转板机制，都是复杂的系统工程，不可能一蹴而就②。即使证监会把发行审核权下放证券交易所，在没有配套改革的情形下，审批部门只不过由一个变成了两个，整个市场不会有根本改观；直接的转板机制不仅涉及新股发行制度改革，还涉及新三板挂牌、监管标准、系统等与证券交易所市场之间的对接等，即使开辟 IPO 快速审核通道，在资本市场改革没有实质性进展情况下，新三板则不仅可能沦为 IPO 的制度套利通道，还可能增强整个市场的投机性，

---

① 证监会为了阻止 IPO 重启后市场打新股的套利热潮，制定了相关规定，允许老股东在新股发行时可以同时转让部分老股，以增加市场供给来降低新股市盈率，作为参照新规发行第一股奥赛康（300361），控股股东在发行时直接套现 31.8 亿，甚至超过了公司募集资金。

② “股票发行注册制改革是一项重大改革，是还权于市场，还权于投资者的一个根本举措。但是，需要一个循序渐进的过程，还需要其他方面的配套改革”——摘自肖钢在《财经》杂志 2013 年年会上的讲话。

而对活跃新三板市场及发挥自身市场服务功能并没有实质性帮助①。

尽管新三板真正的功能实现还有待于中国资本市场整体改革进程和设计，但是，对中国三十多年改革进程的研究发现，对于现有资本市场体系来说，新三板具有增量改革的特征，其持续健康快速发展和制度设计反过来又可以推动中国资本市场的整体改革进程，而目前新三板的市场化制度基础以及国家和监管当局预留的政策调整空间也足以支持这一点。

三、建议：中国资本市场的增量改革战略

增量改革是指在国有经济改革阻力较大，改革陷于停顿的情况下，先不对国有经济采取大的改革动作，而是在国有经济之外，大力发展市场导向的民营经济，使市场力量逐步生长壮大，在保持经济总体平稳增长的同时，降低国有经济改革阻力，并倒逼国有经济的市场化改革，从而推动整个经济的市场化改革进程。由于采用这种改革战略，使中国避开了苏联和东欧社会主义国家曾经陷入的“国有经济改革陷阱”，在大体维持国有经济原有规模的同时发展民营经济，并依靠民营企业的强大竞争力保持了经济的迅速增长（吴敬琏、马国川，2012 年）。

从中国资本市场现状以及新三板发展情况看，新三板已经具备增量改革特征，主要体现在以下方面。

1. 主板存量市场改革进展缓慢，新三板快速扩展

20 多年来，中国资本市场发展取得了很大的成就，但是，在市场化

① 本质上说，注册制和转板机制是一个事情的两个不同路径：如果实行注册制，新三板挂牌企业达到条件自然就可以选择升板，不需要另外做出规定；如果没实行注册制，直接转板会架空主板的注册制，快速通道也会涉及主板等候发审企业的排队公平问题。在法治范畴下，两者都需要以修改《证券法》为前提。

方面做得还不够，资本市场还是行政主导型的，不仅市场运行机制还没有市场化，更为重要的是，资本市场的外部环境，或生态环境也没有市场化。推进资本市场的市场化，任务仍然非常繁重和艰巨（肖钢，2013）。相反，新三板是完全按照市场化规则发展起来的新市场，没有历史包袱，新三板在扩大到全国范围后发展更加迅速，储备企业超过2000家，近期按照新规则挂牌第一批260家企业将集体挂牌，按照这个速度，在新规则实施的2014年全年挂牌企业预计将超过1000家[①]。

2. 新三板存在推动资本市场市场化改革竞争的政策发展空间

通过新三板与中小板、创业板的对比分析，我们发现，从证券的实质上看，新三板已经具备了标准化、公开交易以及连续交易的特征，并且修改后的《非上市公众公司监督管理办法》还赋予了新三板挂牌企业股东可以突破200人限制，这也就是说，在政策上除了公开发行（向不特定对象）和投资者门槛较高（合格投资者）外，新三板已经与中小板和创业板几乎没有差别。

3. 新三板调整完善是其自身可持续发展的内在要求

随着挂牌企业自身快速成长，以及新三板融资及流动性功能的健全，新三板集聚的优质企业越来越多。截至2013年11月，新三板350多家挂牌企业中符合创业板首次公开发行财务指标的已达到49家，随着挂牌范围扩大到全国，短期内，这一数量还会快速增加。这些企业对于融资规模、流动性等需求与刚刚符合挂牌基本条件的创业型企业需求是不尽相同的，如何建立与企业风险相对应的合格投资者分层制度以此更好地服务企业发展？这不仅是新三板将面临的现实问题，也是关系到新三板自

---

① 出于平稳发展考虑，不排除监管当局会根据挂牌申报情况，市场合格投资者及融资制度调整完善进度等，调节全年的挂牌备案节奏，将全年新增挂牌公司数量控制在一定范围，但不应出现强制的行政干预，甚至暂停挂牌等。

身可持续发展的内在要求。优质企业集聚不仅增强市场对投资者和更多优质企业的吸引力，而且反过来又示范效应地降低了证券交易所市场改革的阻力和难度。

为了保持新三板的快速健康发展以及充分发挥其对推动中国整个资本市场市场化改革作用，我们建议如下：

（1）坚定不移地坚持和完善新三板的相关制度。这主要包括：在企业信用和券商信用基础上，继续强化券商等中介机构的尽职责任，坚持实施备案制并进一步增强备案工作的透明度，继续强化企业信息的真实披露，推行合格投资者制度。

（2）健全证监会市场监管职能。这主要包括：加强对新三板市场的规划研究指导；健全证监会对市场的监督作用，通过制度指引，增强市场透明度，保障市场的健康平稳发展；尽快出台挂牌公司股东超过200人的审核标准及流程，增强制度的透明度，在此基础上，探索实施备案制。

（3）坚持合格投资者制度。合格投资者具有一定的风险识别和风险承担能力，在一个供给充分的市场上，通过投资者的自主决策，真正实现资本市场的优质企业发现和服务功能。在条件具备情况下，探索建立与企业和市场风险相匹配的合格投资者分层制度①，在增强市场流动性同时，加快优质企业的集聚。

（4）条件具备情况下，探索建立新三板内部分层制度。目前，由于挂牌企业数量较少，新三板尚无分层可能，但是，随着新三板挂牌企业的快速扩展，需要考虑建立与企业和市场风险相匹配的与美国纳斯达克市场相类似的分层及相关配套制度②。在规模较小、企业经营风险较大的

① 比如，在为规模较大、经营稳定优质企业服务的高端挂牌市场，合格投资者的门槛可以进一步降低到目前信托计划以及券商资管计划等理财市场对合格投资认定的100万元标准。

② 2006年2月，纳斯达克在原来分层基础上进一步将股票市场分为三个层次：纳斯达克全球精选市场、纳斯达克全球市场（即原来的纳斯达克全国市场）和纳斯达克资本市场（即原来的纳斯达克小型股市场）。全国股转公司在2013年12月30日新闻发布会上透露：“市场规模拓展到一定阶段，我们也将根据需要在市场内部进行分层管理”，参见全国中小企业股份转让系统公司网站《关于全国中小企业股份转让系统配套制定、修订业务制度的新闻发布会答记者问》全文。

创新创业型的挂牌企业板块中，仍然实施严格的高门槛的合格投资者等制度；而在规模较大、生产经营较为稳定的优质企业板块上则考虑降低合格投资者门槛和增强流动性。即使主板市场注册制改革和转板机制顺利推行，新三板内部分层也不影响整个资本市场的发展，其高端板块仍然可以成为证券交易所市场公开上市发行的优质企业储备池，在为企业提供更多资本市场选择的同时，推动中国真正市场化的多层次资本市场格局的形成①。

李正全 经济学博士、国联证券股份有限公司副总裁

参考文献

[1] 倪东，吴晓娜．伦敦 AIM 市场运作机制及对我国创业板市场建设的启示．西南金融，2008（12）

[2] 刘洁，张达．证券场外交易市场发展的国际经验．金融发展评论，2010（2）

[3] 牙伟，姜涵．国际创业板市场比较分析及对我国创业板发展的启示．中国新技术新产品，2010（15）

[4] 陈杰．美国场外市场的制度变迁及对我国的借鉴．武汉金融，2011（7）

[5] 刘燊．多层次资本市场上市公司转板机制研究．证券法苑，2011（2）

[6] 中国证券行业协会．创新与发展：中国证券业 2012 年论文集．北京：中国财政经济出版社，2013

[7] 吴敬琏，马国川．重启改革议程：中国经济改革二十讲．北京：三联书店，2012

[8] 肖钢．解决资本市场存在的问题唯一办法就是市场化改革．《财经》杂志 2013 年年会上的讲话

[9] 全国中小企业股份转让系统公司．关于全国中小企业股份转让系统配套制定、修订业务制度的新闻发布会答记者问．全国中小企业股份转让系统公司网站（www. neeq. com. cn），2013

① 随着交易制度和功能的完善，新三板自身能满足优质企业的发展及融资需求，这些挂牌公司并不一定要转板主板。比如，苹果、微软等一批优质公司都在纳斯达克成长壮大，并没有转板。

创新发展中的新三板

◎尚文彦

新三板市场从试点至今，已有 8 年的历史。本文从新三板市场的设立、发展、改革出发，研究了新三板市场的定位、特点，并在此基础上详细解读了新三板挂牌的条件及操作流程，最后通过对新三板的系统分析，总结了新三板的发展历程及发展前景。

一、引言

中国30多年的改革开放，将中国庞大的人力资源与西方的资本、技术、管理、市场相结合，推动了中国经济高速发展和使中国经济总量排名达到世界第二。目前中国正在进行一次全新的、主动的改革，核心就是创新。

创新的魅力无法拒绝，创新的风险难以抗拒。创新包括技术创新、制度创新等一系列创新，仅就技术创新而言，化解和分散风险的最佳方法就是资本市场。

2013 年9 月30 日，国家主席习近平到中关村进行第九次集体学习时指出，要充分认识科技创新的巨大作用，敏锐把握世界科技创新发展趋势，切实把创新驱动发展战略实施好，要加大资本市场对科技型企业的支持力度。新三板市场作为我国多层次资本市场的重要一员，面向数以百万计的科技型中小企业，有效地推动了科技企业的创新，促进科技与金融的有效结合，正是资本市场实施创新驱动发展战略的重要体现。

二、新三板的发展

1. 新三板市场的设立、改革

2006 年 1 月 23 日，经国务院批准，中国证监会、科技部、北京市、深圳证券交易所、中国证券业协会五方联合推出新三板，在中关村科技园区试点，即只有中关村科技园区的企业可以进入新三板市场挂牌，由中国证券业协会具体管理。

2009 年，中国证券业协会对新三板市场进行了一次制度优化和完善，此次改革调整了园区企业申请挂牌的条件，同时优化了交易制度，提高了交易效率，并对限售股份的解禁制度予以完善。

改革后的新三板市场对高科技企业的发展起到了进一步的推动作用，但是交易、融资功能很弱，为了完善其功能，推动新三板市场全面发展，从 2012 年下半年开始，国家又对新三板进行了全方位的改革。改革主要体现以下几方面：首先，中国证监会发布了《非上市公众公司监督管理办法》，后续又进行了一些修订，为新三板改革明确了方向，提供了制度基础；其次，中国证监会发布了《全国中小企业股份转让系统暂行管理办法》，明确了新三板市场的监管框架，确定全国中小企业股份转让系统有限责任公司（以下简称“股转公司”）为新三板市场的自律监管主体，受中国证监会直接管理，全国中小企业股份转让系统是全国性的证券交易场所，并于 2013 年 1 月 16 日正式在北京金融街揭牌运营；再次，逐步推进扩容，2012 年 8 月，国务院批准在中关村园区试点基础上开放上海张江、天津滨海、武汉东湖三地高新区；2013 年 6 月 19 日，国务院常务会议决定面向全国开放新三板市场，一步到位，打破原国家级高新区限制，并于 12 月 14 日正式发布扩容决定，明确在中国境内注册的股份有限公司均可到全国中小企业股份转让系统挂牌上市；最后，股转公司于 2013 年 2 月 8 日发布了新的业务规则，对新三板市场进行了全方位的改革，尤其是交易制度方面，引入做市商、竞价、协议转让三种方式，并于 2013 年年底补充和完善了相关细则，相关交易系统正在测试，随着三种交易制度逐步测试将陆续正式推向市场。

2. 新三板市场的定位

从时间延续上，新三板市场是从 2006 年起步的。但是从股转公司正式揭牌运营开始，新三板市场发生了全面的改变。从监管体系、业务体系等角度看，新三板市场就是一个全新的市场。

新三板市场主要面向创新、创业、成长型中小微企业，这类企业一般股权集中度较高，交易需求相对偏弱，且规模小、业绩波动较大，普通投资者很难定价，交易换手率也要比主板低，因此新三板市场主要为企业发展、资本投入与退出服务，不以交易为主要目的，股转公司致力于发展专业投资市场，以长期、价值投资为主。同时为充分发挥交易场所资源配置和风险管理功能，适当地提高市场流动性，又从放宽限售规定、股份拆细交易、丰富交易方式等多个角度进行了合理的制度设计。

3. 新三板市场的功能

（1）实施创新驱动发展战略的重要载体

当今世界新一轮科技革命和产业革命正在兴起，能否把握这一战略机遇对于中华民族的伟大复兴至关重要。众所周知，美国的纳斯达克市场强有力地推动了美国的科技创新，也催生了大量诸如微软、谷歌、苹果等在全国具有深远影响力的创新型优秀企业。新三板自身的创新必将推动新三板市场的繁荣发展，其发展将容纳更多的创业创新型企业，也将助推更多的中国人实现创新创业梦想，也将培育出一批有创新思想的优秀企业家，强有力地推动科技创新，促进中国经济的产业升级和持续发展。

（2）改善中小企业融资环境的有效手段

中小企业由于其自身固有弱点，获取银行贷款的能力较弱；而在直接融资方面，目前国内主板、中小板、创业板上市门槛较高，大量中小企业很难达到上市要求。另一方面，中国经济经过三十多年高速发展，已经成为世界第二大经济体，积蓄着大量财富和资本在寻找投资途径。

大力发展新三板市场，不仅扩大了风险投资和私募股权投资基金的选择空间，更为其建立了便捷的退出通道，使其进退方便自如，必将调动风险投资和私募股权投资基金的积极性，不断扩大向中小高科技企业投资入股的积极性，扩大中小企业的融资范围，改善其融资困境。

4. 新三板市场的特点

新三板市场在推动创业创新型企业发展的同时，自身也在创新，担负着我国资本市场改革创新的探路者的角色，因而与主板、中小板、创业板市场相比呈现出了一些独特的特点。

（1）挂牌上市趋近于注册制

股转公司的成立以及新业务细则的发布，优化和完善了我国资本市场的结构，扩容后，“无地域限制、无行业限制、无所有制限制、无财务指标要求”的挂牌标准，为广大企业敞开资本市场大门。

股转公司审核以信息披露为核心，企业必须履行信息披露义务，确保披露的信息真实、准确、完整，对企业经营不做实质性判断。也就是说从理论上讲，新三板挂牌上市近似于注册制。

（2）融资快速便捷，有效实现资源配置

新三板市场融资根据“小额、快速、按需”原则，“小额”相对于主板市场融资额度较小，这也与企业规模有关；“快速”即不需要排队，没有财务指标要求，融资频率也没有限制，理论上只要企业想融资，投资者愿意投资，随时都可以进行融资，并且对于发行后证券持有人累计不超过200人情况证监会豁免审核；“按需”是股转公司对企业融资不做硬性要求，完全由企业根据自身发展需要决定，在挂牌上市前、挂牌上市时、挂牌上市后随时可以进行。

（3）终身持续督导，持续服务企业

新三板市场实行主办券商终身持续督导制度，使券商的督导与挂牌公司的成长紧密联系，一方面夯实了市场基础，使市场真正地规范、透明；另一方面主办券商可以从一而终地为企业提供全方位服务，帮助企业不断地成长。

（4）转板机制确立，为挂牌上市企业提供二次选择机会

《国务院关于全国中小企业股份转让系统有关问题的决定》（国发〔2013〕49号）中，已明确在新三板挂牌上市的企业符合主板、中小板、创业板条件时，可以直接转板。转板通道的确立，为新三板挂牌上市的企业提供了二次选择机会，当新三板市场不能满足企业发展需要时，可以走绿色通道，直接转板。

5. 新三板在多层次市场结构体系中的地位

我国多层次资本市场主要由主板、中小板、创业板、新三板以及天交所、上海股权交易中心等区域股权市场组成。目前主板主要面向大型蓝筹企业服务，在上海证券交易所上市；中小板主要面向中型稳定发展企业服务，在深圳证券交易所上市；创业板主要面向高科技、高成长企业服务，在深圳证券交易所上市；新三板主要面向创新型、创业型、成长型中小微企业服务，在全国中小企业股份转让系统挂牌上市。

新三板在我国多层次资本市场体系中具有“双重”身份。按照是否纳入中国证监会监管，分为公开转让市场和非公开转让市场，主板、中小板、创业板、新三板属于公开转让市场，而天交所、上海股权交易中心等区域股权市场属于非公开转让市场。从场内市场和场外市场角度划分，主板、中小板、创业板属于场内市场，新三板、天交所、上海股权交易中心等属于场外市场。

公开转让市场和非公开转让市场主要区别有两方面：一方面是股东

人数是否可以突破200人；另一方面是否可以标准化连续交易，标准化是指股份是否可以拆细交易，比如主板按照100股的整数倍交易，连续交易是指是否可以按照T+1模式进行交易，即投资者今天买明天可以卖。公开转让市场是股东人数可以突破200人、标准化连续交易；而非公开转让市场则不允许突破200人、不实行标准化连续交易。

场内市场和场外市场一般从交易的物理场所和交易制度角度划分，随着网络信息化的发展，物理场所的划分已经没有实质意义，因此场内市场和场外市场一般更多体现交易制度不同，场内市场一般实行竞价交易制度，而场外市场一般实行做市商交易制度。

三、新三板操作实务

1. 企业在新三板挂牌的条件

（1）依法设立且存续满两年

依法设立主要指公司依据《公司法》等法律、法规及规章的规定向公司登记机关申请登记，并已取得《企业法人营业执照》。申请挂牌时，要依法存续，经过年检程序。依法设立包含两方面的内容：一方面公司设立的主体、程序要合法、合规；另一方面公司股东的出资要合法、合规，出资方式及比例要符合《公司法》的相关规定。在具体操作实务中，一般重点关注公司股东出资（含增资）资产的确权、价格、转移三方面，确权是指出资（含增资）资产是否属于股东自有资产，只有股东自有资产才可以出资（含增资）；价格包含股东出资资产价格确定是否公允，主要是指非货币资产，也包括入股价格，是否溢价以及溢价是否合理；转移是指股东出资资产权属是否已转移到公司名下。

存续两年是指存续两个完整的会计年度，也就是两个完整的自然年度。有限责任公司按照经审计的净资产整体变更为股份有限公司的，存续时间可以从有限责任公司成立之日起计算。但是，只有不改变历史成本计价原则整体变更时才可以连续计算，若以资产评估结果进行账务调整则视同新设，则不能连续计算。

（2）业务明确，具有持续经营能力

业务明确主要指企业能够明确、具体地阐述其经营的业务、产品或服务、用途及其商业模式等信息。企业可以同时经营一种或多种业务，但每种业务应具有相应的关键资源要素，该要素应具有投入、处理和产出能力，能够与商业合同、收入或成本费用等相匹配。

持续经营能力是指公司基于报告期内的生产经营状况，在可预见的将来，有能力按照既定目标持续经营下去。持续经营能力具体需要从两个方面来界定：一方面公司业务在报告期内应有持续的营运记录（现金流量、营业收入、交易客户、研发费用支出），不应仅存在偶发性交易或事项；另一方面公司应按照《企业会计准则》的规定编制并披露报告期内的财务报表，同时公司不存在《中国注册会计师审计准则第 1324 号——持续经营》中列举的影响其持续经营能力的相关事项。

（3）公司治理机制健全，合法规范经营

公司治理机制健全主要是指企业按照《公司法》、《非上市公众公司监督管理办法》及《非上市公众公司监管指引第 3 号——章程必备条款》等规定建立健全股东大会、董事会、监事会和高级管理层组成的公司治理架构，并制定相应的公司治理制度，并能证明有效运行，保护股东权益。

合法合规经营主要是指企业及其控股股东、实际控制人、董事、监事、高级管理人员须依法开展经营活动，经营行为合法合规，不存在重大违法违规行为；公司报告期内不应该存在股东（包括控股股东、实际控制人及其关联方）占用公司资金、资产或其他资源的情形；公司应设有独立的财务部门进行独立的财务会计核算；公司和控股股东、实际控制人之间不能有同业竞争。

（4）股权清晰，股票发行和转让行为合法合规

股权明晰主要是指企业的股权结构清晰，权属分明，真实确定，合

法合规，尤其是控股股东、实际控制人及其关联股东或实际支配的股东持有企业的股份不存在权属争议或潜在纠纷，对于存在国有股或外资股的股权要分别遵守国资管理或商务部门的规定。

股票发行和转让合法合规是指企业的股票发行和转让依法履行必要内部决议、外部审批（如有）程序，股票转让须符合限售的规定，不得存在未经法定机关核准擅自公开或者变相公开发行过证券。

（5）主办券商推荐并持续督导

从形式上，企业要与主办券商签署《推荐挂牌并持续督导协议》；从实质上，主办券商应完成尽职调查和内核程序，对企业是否符合挂牌条件发表独立意见，并出具推荐报告。

2. 企业在新三板挂牌的操作流程

企业上新三板一般需要选择中介机构、股改（整体变更）、制作申报材料、通过主办券商内核、取得全国中小企业股份转让系统同意挂牌函、正式挂牌几个阶段。一般而言，从选择中介机构到挂牌上市需要6个月左右。

（1）选择中介机构

我国多层次资本市场体系实质没有高低之分，只是与企业发展的各阶段的规模相适应，企业上新三板之前，一定要清楚地了解新三板，结合企业自身状况判断是否适合上新三板。

企业上新三板需要证券公司、律师事务所、会计师事务所、资产评估事务所四家中介机构，其中证券公司须有主办券商资格，会计事务所和评估事务所须有证券、期货从业资格。

（2）股改（整体变更）

股改前一般先要整改，即先把企业的不规范之处按照挂牌上市条件规范，一般企业与中介机构签约后，中介机构要对企业进行初步的尽职调查，在尽职调查的基础上按照挂牌上市标准进行整改。

整改后，按照最近一期经审计的净资产值折合股本，整体变更股份有限公司，有限责任公司按照历史成本计算进行整体变更的，业绩连续计算；有限责任公司在整体变更成股份有限公司时按照评估值进行调账的，则应视同新设，业绩不能连续计算。

（3）制作申报材料

股改后，中介机构开展详细的尽职调查，按照监管层要求制作详细的、一系列的申报材料：主办券商制作公开转让说明书、推荐报告、尽职调查报告、尽职调查工作底稿等等一系列文件；律师事务所出具法律意见书；会计师事务所出具最近两年度的标准无保留意见的审计报告。

（4）通过证券公司内核

制作申报材料后，要通过证券公司内核才报送全国中小企业股份转让系统。证券公司内核属于最后一道把关阶段，证券公司内核委员按照挂牌上市条件审核材料并对申报材料的质量进行把关，证券公司内核委员由七人组成，分别对是否同意推荐作出表决，5 票以上为通过。

（5）取得全国中小企业股份转让系统同意挂牌函

全国中小企业股份转让系统受理申报材料后，按照挂牌上市条件进行材料审核，并对一些需要补充披露事项提出反馈意见，要求企业和中介机构回复，经过几轮的沟通，全国中小企业股份转让系统认为符合挂牌条件后，出具同意挂牌函。

（6）挂牌

企业取得同意挂牌函后，进行挂牌的一些程序性工作，包括与全国中小企业股份转让系统确认股票代码、简称、挂牌时间以及与中国证券登记结算公司办理股份托管、限售等一些工作。

3. 企业挂牌中各中介机构发挥的作用

（1）证券公司（具有“主办券商”资格）

总体设计企业股改以及挂牌的方案，协调各中介机构的工作，为企业挂牌全程提供保姆式的服务。

同时证券公司还负责公开转让说明书等挂牌相关文件的制作，配合企业与股转公司积极沟通，并负责企业后续的持续监督和辅导工作。

（2）律师事务所

在工作初期负责配合企业制定公司章程、起草各种有关的法律文件、理顺法律关系；而后对上市有关各项文件和行为是否符合法律法规要求进行审查，并出具法律意见书。

（3）会计师事务所

会计事务所主要指导企业进行财务规范，同时出具改制报告以及最近两个年度的审计报告。

（4）资产评估事务所

评估事务所主要是企业在改制过程中，需要对整体变更的资产进行评估，并出具评估报告。

4. 企业在新三板挂牌的好处

新三板市场作为一个公开的交易市场，可以为企业带来诸多的好处。以下以几个案例具体说明。

（1）规范公司治理

企业可以利用中介机构的专业知识，帮助企业建立健全股东大会、董事会、监事会、经营管理层相关制度以及运行机制，通过制度确保企业高效、平稳地运行，提升公司治理水平。

案例1：双杰电气（430049），挂牌前是一个以技术为核心的企业，重技术轻管理，在管理理念、治理结构、规范意识方面都很落后。新三板挂牌后，在主办券商的辅导之下，已经形成了健全的股东大会、董事会、监事会制衡机制，并聘请了独立董事，制定了关联交易、内控体系等方面详细的管理制度。经过规范，双杰电气已经逐步摆脱人治的落后治理结构，利用先进的公司治理结构为公司的可持续发展奠定了良好的基础。

（2）提升市场影响力

企业在新三板挂牌上市，是经过第三方监管机构核准的，通过持续信息披露，透明度、公信力较高，在客户拓展过程中，易取得客户的信任，降低沟通成本。另一方面，更多的投资者关注企业，也可以为企业带来潜在的业务机会，具有较强的广告效应。

案例2：京鹏科技（430028）是一家主要从事温室的研究、设计、生产、销售、安装和服务的公司。在新三板的挂牌活动为提升公司形象和品牌创造作出了巨大贡献。在新三板挂牌庆典会上，来自国务院研究室、农业部、科技部各部门的相关领导纷纷到会祝贺，使得“京鹏科技”品牌在政府部门中的品牌形象和知名度大为提升。自2008年新三板挂牌以来，京鹏科技在国内高端温室市场的份额超过了30%。国外客户对国内市场缺乏一定程度的了解，因此十分重视企业品牌和信誉度，而在新三板挂牌恰成为国外客户考察企业时的一个重要加分指标。

（3）助力企业迅速做大

企业在新三板挂牌上市，可以解决企业发展过程中的资金需求，资金来源根据企业选择可以多样化，一是股票融资，通过发行普通股或优先股，引入战略投资者；二是可以利用股转公司与银行等金融机构搭建的金融服务体系，开展间接融资，一方面可以增加银行的授信额度，另一方面可以开展股票质押等手段获取银行贷款。

同时，企业可以利用资本运作手段，进行并购重组，通过发行股票收购上下游企业的股权以及重要的资产，使企业在不动用现金的情况下整合一些对企业发展至关重要的资源。

案例3：中海阳（430074）于2010年3月在新三板挂牌，在之后的一年内接连完成了两次定向增资（2010年6月以每股9元的价格募集资金1.125亿元；2010年11月以每股21.2元的价格募集资金2.12亿元），充裕的资金支持中海阳飞速发展。

案例4：九恒星（430049）在新三板挂牌就如同打开了一扇可以快速融资的大门。公司挂牌后采取了多样化的融资，先后获得了北京银行、交通银行、光大银行的贷款和发行股票进行股权融资、收购相关企业股权以及发行中小企业私募债，在多渠道融资后，九恒星在挂牌后的几年内取得了快速发展，具体情况见下图。

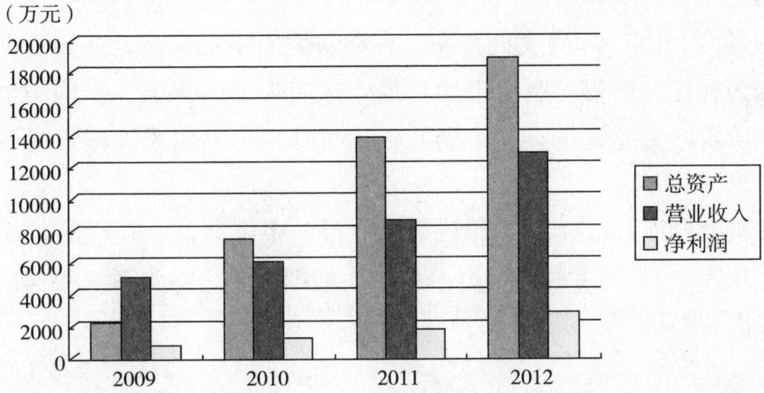

案例5：东方生态（430091）于2012年6月定向增资1408万元，利用其中656.48万元收购了北京泽升设备安装工程有限公司和北京三通四联灌溉科技有限公司100%的股权，完成了企业发展资源的整合。

（4）股权激励

企业在拟申请挂牌或挂牌上市后，可以通过股票期权等激励方式，将企业的核心人员与企业的利益捆在一起，让核心人员认为自己不仅仅为企业老板打工，也在为自己打工，增强企业核心团队的稳定性。

案例6：中航新材（430056）作为一个技术依赖性高、市场化程度高的科技企业，对专有技术人才、核心管理人才、营销管理人才的稳定性需求是很高的，通过采取股权激励、吸收员工入股，使得核心团队对公司未来充满信心，人员稳定，业绩稳定增长。

（5）股东财富最大化

企业挂牌上市后，其创业者持有的股份可以在二级市场流通交易，形成流动性溢价，使创业者获得较高的创业回报。

2012年，新三板挂牌公司融资的平均市盈率达到20.72，接近主板上市公司水平。可见新三板带来的流动性给挂牌公司的股权估值带来了很大的提升，使得创业者拥有的财富成倍增长。

（6）转板

新三板业务从试点开始，已有久其软件、北陆药业、世纪瑞尔等7家挂牌公司成功转板至中小板、创业板上市，但因当时没有转板政策，进行的是正常的IPO程序。

国发〔2013〕49号文的发布，各板块之间将形成彼此联通、相互融合、互为补充、协调发展的市场格局，从而为不同规模、不同类型、不同成长阶段的企业提供资本市场服务，同时满足不同风险偏好投资者的投资需求。

从国家层面，已确立了转板机制，目前中国证监会还没有发布具体细则，预计1~2年可以出台，一旦相关细则出台，将为新三板挂牌企业提供二次选择机会。

四、新三板发展趋势

新三板扩容至全国，使全国创新创业型中小企业受益，也给了市场更多的期待。借鉴NASDAQ、OTCBB等国外场外交易市场的先进经验，结合我国的实际情况，笔者认为未来新三板有一些可以预见的发展趋势。

1. 做市商制度

主板、中小板、创业板上市企业规模较大，相对业绩波动幅度较小，仅靠持续的、充分的信息披露，普通投资者可以“看得懂”，能够对股票价格作出合理的预期；而新三板市场主要面向创业创新型企业，对于这类企业，由于受多重因素的影响，业绩波动幅度较大，会存在高收益与高风险并存的现状，并且企业的内在价值不能仅以历史的财务数据作为判断依据，还要综合考虑非财务因素，普通投资者很难“看得懂”，也很难对股票价格作出合理的预期。

也是基于上述考虑，股转公司一方面引入做市商交易制度，另一方面建立投资者适当性管理制度，让具有一定风险识别能力和承受能力投资者参与交易。

做市商（market maker）是指以自有资金为基础，不断向公众投资者连续发布某个证券的买入和卖出价，并随时准备以该价格向公众投资者买入或卖出某个证券的特殊经营商。做市商制度最早由美国 NASDAQ 市场在 1971 年创立，经过近 40 年的发展，已成为全球创业板市场的主流交易制度。

做市商的主要功能包括：(1) 价值发现功能，即估值功能，指做市商以专业评估来给股票进行合理定价，促使证券价格更趋近于其实际价值。估值功能是做市商最首要的功能，也是其他功能发挥的基础。(2) 增强流动性功能，即做市商以自有资金与市场买卖双方进行交易，为市场提供流动性。(3) 稳定市场的功能，即做市商以双向报价和股票买卖使证券价格不能偏离价值太大，以此来平抑价格波动，增强市场稳定性。在进行大宗交易时，做市商的价格稳定功能比集合竞价更具有优势，可以减缓大宗交易对市场价格的影响。(4) 提升企业知名度的功能。挂牌公司如果能得到一个有实力的做市商为公司股票报价，则表明该公司具有一定投资价值，更容易得到投资者的关注，也更有利于该股票在二级市场的发行、交易。

做市商交易制度在我国资本市场上是首次引入，预计在 2014 年下半年正式推向市场，相信做市商制度将为新三板市场注入新的活力，大幅提升新三板市场的融资、交易功能，也值得市场相关人士的热切期待。

2. 放宽新三板的挂牌标准，严格退市的标准

对于创新的科技技术公司来讲，就要敞开上市的大门，给科技创新的新兴企业更多的机会。但是，这无疑也会产生一个新的问题，即通过什么样的手段判别企业的发展前景以及创新性，以免出现混淆股票市场的现象。

众所周知，市场的功能是强大的，我们可以利用市场的这种强大功能，把对公司创新能力以及发展前景的识别交给市场，通过投资者对上市公司的评估，即股票价格的评估判断该公司的创新能力与发展前景。

在放宽了新三板的挂牌标准之后，严格企业的退市制度也是必要的发展方向。经过一段时间的接受评估之后，如果股票的价格不能够达到一定的标准，那么就应该要求该公司退出股市，从而加快市场的更新速度，保持整个市场的生机与活力。因此，放宽新三板的挂牌标准，严格退市制度是新三板市场的发展趋势之一。

五、小结

在我国二十几年资本市场发展史上，新三板市场还属于新生的事物。虽然成立时间短，但立足于创新，走了一条立足于市场、以价值投资为导向的路。其“新”主要体现在以下几方面；（1）新的审核理念，趋近于注册制；（2）新的交易平台，在上海证券交易所、深证证券交易所之后成立的第三家全国性证券交易场所；（3）新的交易制度、融资方式，针对中小企业的特点，设计丰富多样的交易制度、灵活的融资方式。

随着新三板市场的不断发展，其制度和功能也必将逐步完善，也必将成为我国多层次资本市场体系中最重要的力量。

尚文彦 « 法学博士、经济学博士后，财达证券有限责任公司副总裁

参考文献

[1] 胡淑丽．论中国三板市场的功能、主体定位及制度创新．经济研究导刊，2010（3）

[2] 李兆宇．我国新三板市场需要明确的几个问题．管理观察，2011（13）

[3] 刘纪鹏，刘志明．发展三板市场必须明确的三个战略．经济参考研究，2010（36）

[4] 刘云．“新三板”市场的形成及其发展趋势．中国外资，2013（22）

[5] 曲海斌，冯啸鹏．新三板：中小企业融资发展的新机遇．商品与质量，2013（9）

[6] 全国中小企业股份转让系统．全国中小企业股份转让系统业务规则（试行），2013

[7] 沈克慧，黄亮．建立三板市场对我国多层次资本市场的影响．产权导刊，2010（4）
[8] 孙超．新三板市场发展现状及新政解读．中国乡镇企业会计，2013（7）
[9] 魏世杰．新三板促进企业融资和创投推出研究．中国科技论坛，2013（5）
[10] 张琦．“新三板”扩容的潜力．首席财务官，2013（3）
[11] 中国证券监督管理委员会．全国中小企业股份转让系统有限责任公司管理暂行办法，2013
[12] 中国证券监督管理委员会．非上市公众公司监督管理办法，2012

新三板挂牌条件法律解读

常见问题与解决方案

◎高　慧

《全国中小企业股份转让系统业务规则（试行）》第2.1条规定："股份公司申请挂牌应当符合下列条件：

（一）依法设立且存续满两年。有限责任公司按原账面净资产值折股整体变更为股份有限公司的，存续时间可以从有限责任公司成立之日起计算；

（二）业务明确，具有持续经营能力；

（三）公司治理机制健全，合法规范经营；

（四）股权明晰，股票发行和转让行为合法合规；

（五）主办券商推荐并持续督导；

（六）全国股份转让系统公司要求的其他条件。"

对挂牌准入条件的具体细化解读，全国中小企业股份转让系统有限责任公司发布了《全国中小企业股份转让系统挂牌条件适用基本标准指引（试行）》。

中小企业到新三板挂牌，应当根据上述挂牌条件，结合企业自身情况，逐项根据中介机构尽职调查报告给出的专业意见进行整改规范。

本文按照《全国中小企业股份转让系统股票挂牌条件适用基本标准指引（试行）》，对新三板挂牌条件逐项进行法律解读，并给出相关问题的规范方案。

一、依法设立且存续满两年

（一）依法设立，是指公司依据《公司法》等法律、法规及规章的规定向公司登记机关申请登记，并已取得《企业法人营业执照》。

法律解读：

合伙企业、个人独资企业因为在法律上其普通合伙人（或出资人）承担无限连带责任，因此，合伙企业和个人独资企业不可以改制为有限公司或者股份公司。

1. 公司设立的主体、程序合法、合规

①国有企业需提供相应的国有资产监督管理机构或国务院、地方政府授权的其他部门、机构关于国有股权设置的批复文件。

②外商投资企业须提供商务主管部门出具的设立批复文件。

③《公司法》修改（2006 年 1 月 1 日）前设立的股份公司，须取得国务院授权部门或者省级人民政府的批准文件。

法律解读：

实践中拟挂牌转让企业历史沿革中曾有国有企业或者国有创投公司投资退出的情形，需要特别关注其投资、退出时是否履行了国有股权投资、退出的法律程序。

第一，投资时，是否经有权部门履行了决策程序，是否对拟投资的公司进行过评估、备案，是否需要国有资产监督管理部门批准。

第二，增资扩股时，是否同比例增资，如未同比例增资，是否履行评估、备案手续。

第三，国有股退出时是否履行了评估、备案，是否在产权交易所进行了交易，是否需要国有资产监督管理部门批准。

2. 公司股东的出资合法、合规，出资方式及比例应符合《公司法》相关规定

①以实物、知识产权、土地使用权等非货币财产出资的，应当评估作价，核实财产，明确权属，财产权转移手续办理完毕。

法律解读：

实践中拟挂牌转让的企业为高新技术企业的，多存在股东以无形资产评估出资的情况，中介机构需要特别关注以下几个问题。

第一，无形资产是否属于职务成果或职务发明。如果属于股东在公司任职的时候形成的，无论是否以专利技术或者非专利技术出资，股东都有可能涉嫌利用公司提供物质或者其他条件完成的该等职务成果（职务发明），该等专利技术或者非专利技术应当属于职务成果（职务发明），应当归属于公司。

解决方案：

因为职务成果或者职务发明已经评估、验资并过户至公司，此种情况下，一般的做法是通过减资程序规范，财务上将已经减掉的无形资产做专项处理，并将通过减资置换出来的无形资产无偿赠送给公司使用，但是此种情况下，该等无形资产研发费用不能计提。

需要注意的是：实践中有些地方工商登记部门允许企业通过现金替换无形资产出资处理无形资产出资不规范问题。但是大部分工商登记部门因为法律上没有相关规定的原因，拒绝公司通过现金置换无形资产出资的方案，但是减资是公司法允许的方案，工商登记部门容易接受，但是不能进行专项减资，即专项减掉无形资产，但是会计师可以在减资的验资报告进行专项说明公司本次减资的标的是无形资产。

第二，无形资产出资是否与主营业务相关。实践中，有些企业为了申报高新技术企业，创始股东与大学合作，购买与公司主营业务无关的无形资产通过评估出资至公司，或者股东自己拥有的专利技术或者非专利技术后来因为种种原因，虽然评估出资至公司，但是公司后来主营业务发生变化或者其他原因，公司从来没有使用过该等无形资产，则该等行为涉嫌出资不实，需要通过减资程序予以规范。

第三，无形资产出资是否已经到位。实践中，有些企业股东以无形资产出资至公司，但是后续并未办理资产过户手续，该等情形一般可根据中介机构的意见在股改前整改规范即可。

②以国有资产出资的，应遵守有关国有资产评估的规定。

③公司注册资本缴足，不存在出资不实情形。

法律解读：

实践中，有些公司在创业初期存在找中介公司进行代验资的情形，也有一些从事特殊行业的公司，相关法律规定注册资本达到一定的标准才可以从事某些行业或者可以参与某些项目的招投标而找中介公司进行代验资的情形。该等情形涉嫌虚假出资，大部分企业在财务上处理该等问题时，验资进来的现金很快转给中介公司提供的关联公司，而拟挂牌公司在财务报表上以应收账款长期挂账处理。该等情况的解决方案，一般是公司股东找到相关代验资的中介，由股东将曾经代验资的款项归还给该中介，并要求中介机构将公司目前挂的应收账款收回。如果拟挂牌公司已经将代验资进来的注册资本通过虚构合同的方式支付出去，或者做坏账消掉，则构成虚假出资，该等情形，中介机构需要慎重处理，本着解决问题，规范公司历史上存在的法律瑕疵，在公司没有造成损害社会及他人利益的情况下，公司应当根据中介机构给出的意见进行补足，具体应当以审计师给出的意见做财务处理。

（二）存续两年是指存续两个完整的会计年度。

法律解读：

根据中华人民共和国会计法（1999 修订），会计年度自公历 1 月 1 日起至 12 月 31 日止。因此两个完整的会计年度实际上指的是两个完整的年度。

（三）有限责任公司按原账面净资产值折股整体变更为股份有限公司的，存续时间可以从有限责任公司成立之日起计算。整体变更不应改变历史成本计价原则，不应根据资产评估结果进行账务调整，应以改制基准日经审计的净资产额为依据折合为股份有限公司股本。申报财务报表最近一期截止日不得早于改制基准日。

法律解读：

1. 改制时所得税缴纳问题

改制时，资本公积、盈余公积及未分配利润转增股本按以下情况区别纳税：

（1）自然人股东。

资本公积转增股本时不征收个人所得税；

盈余公积及未分配利润转增股本时应当缴纳个人所得税；

（2）法人股东。

资本公积转增股本时不缴纳企业所得税；

盈余公积及未分配利润转增股本虽然视同利润分配行为，但法人股东不需要缴纳企业所得税；但是如果法人股东适用的所得税率高于公司所适用的所得税率时，法人股东需要补缴所得税的差额部分。

2. 关于公司还处于亏损阶段是否可以改制在新三板挂牌转让

根据《公司法》第九十六条“有限责任公司变更为股份有限公司时，折合的实收股本总额不得高于公司净资产额”。

实践中公司股改时一般都是以公司净资产进行折股，需要注意的是公司股改时，股东出资已经全部缴纳，即注册资本和实收资本是一致的。因此，公司经审计师审计后的净资产不能低于公司的实收资本，换一种说法就是公司可以亏损，但是不能亏损到审计后的净资产低于实收资本（注册资本），如果审计后的净资产低于实收资本，那只有一种方式就是进行减资，将实收资本减少到低于公司的净资产，当然此种情况减少的注册资本实际是亏损的部分。此种情况可以解决公司股改的问题，但是带来了另外一个问题，公司是否具有持续盈利能力，如果企业是因为过去亏损造成的，但是报告期持续盈利，能够解释清楚的，此问题不会对公司挂牌造成实质性障碍。

关于公司应当如何按照净资产折股，除了公司法第九十六条的规定，相关法规并没有对净资产折股比例做出规定，一般情况下，折股比例不能低于1：1，即1元净资产折1股。但是大多数情况下，出于谨慎的财务处理企业会留一部分净资产进入资本公积，即一般情况下都是按照1元以上的净资产折1股的方式折股的。

二、业务明确，具有持续经营能力

业务明确，是指公司能够明确、具体地阐述其经营的业务、产品或服务、用途及其商业模式等信息。

公司可同时经营一种或多种业务，每种业务应具有相应的关键资源要素，该要素组成应具有投入、处理和产出能力，能够与商业合同、收入或成本费用等相匹配。

法律解读：

因为新三板并未对拟挂牌企业提出利润要求，但是如果拟挂牌企业持续处于亏损状态，其挂牌的意义不大，一般中介机构也不会鼓励此类企业到新三板挂牌转让。如果企业为了申请政府补贴或者银行授信贷款或者存在侥幸心理去融资，是完全没有必要的，企业不但要付出一定的成本，而且随着新三板规模的扩大，投资人投资成熟，只有优质的企业才会受到投资人青睐。

申请挂牌公司应遵循重要性原则披露与其业务相关的关键资源要素，包括：

①产品或服务所使用的主要技术；

②主要无形资产的取得方式和时间、实际使用情况、使用期限或保护期、最近一期末账面价值；

③取得的业务许可资格或资质情况；

④特许经营权（如有）的取得、期限、费用标准；

⑤主要生产设备等重要固定资产使用情况、成新率或尚可使用年限；

⑥员工情况，包括人数、结构等。其中核心技术（业务）人员应披露姓名、年龄、主要业务经历及职务、现任职务与任期及持有申请挂牌公司的股份情况。核心技术（业务）团队在近两年内发生重大变动的，应披露变动情况和原因；

⑦其他体现所属行业或业态特征的资源要素。

1. 公司业务如需主管部门审批，应取得相应的资质、许可或特许经营权等。

2. 公司业务须遵守法律、行政法规和规章的规定，符合国家产业政策以及环保、质量、安全等要求。

持续经营能力，是指公司基于报告期内的生产经营状况，在可预见的将来，有能力按照既定目标持续经营下去。

①公司业务在报告期内应有持续的营运记录，不应仅存在偶发性交易或事项。营运记录包括现金流量、营业收入、交易客户、研发费用支出等。

②公司应按照《企业会计准则》的规定编制并披露报告期内的财务报表，公司不存在《中国注册会计师审计准则第1324号——持续经营》中列举的影响其持续经营能力的相关事项，并由具有证券期货相关业务资格的会计师事务所出具标准无保留意见的审计报告。

财务报表被出具带强调事项段的无保留审计意见的，应全文披露审计报告正文以及董事会、监事会和注册会计师对强调事项的详细说明，并披露董事会和监事会对审计报告涉及事项的处理情况，说明该事项对公司的影响是否重大、影响是否已经消除、违反公允性的事项是否已予纠正。

法律解读：

（1）关于核定征税问题。实践中上新三板的企业多为创业型企业，部分企业在报告期存在核定征税问题，核定征税的依据是企业规模小，财务不规范，鉴于上新三板的企业只需要两个完整的会计年度，建议公司如存在该等情形，应当尽快与税务机关申请调整为查账征收，并运行两个完整的会计年度后再挂牌转让。

（2）关于补税的问题。中小企业在创业阶段或者发展阶段，隐藏一部分收入问题比较常见，企业拟挂牌转让，经会计师审计后，发现了财务不规范问题，但是可以通过财务处理解决，但是需要补增值税或者所得税。那么此种情况下，企业需要权衡挂牌转让的利弊，但是退一步讲，企业迟早要规范、诚信、守法经营，企业主动规范财务问题，补缴税收，税务机关一般不会给予行政处罚，但是如果被税务机关在核查过程发现该等问题，轻则给予行政处罚，重则构成偷税、漏税，触犯刑法，移交司法机关处理。

(3) 关于公司是否具有持续盈利能力。根据《全国中小企业股份转让系统业务规则（试行）》相关规定：

A. 申请挂牌公司应披露是否存在与控股股东、实际控制人及其控制的其他企业从事相同、相似业务的情况。对存在相同、相似业务的，应对是否存在同业竞争做出合理解释。申请挂牌公司应披露控股股东、实际控制人为避免同业竞争采取的措施及做出的承诺。

B. 申请挂牌公司应披露最近两年内是否存在资金被控股股东、实际控制人及其控制的其他企业占用，或者为控股股东、实际控制人及其控制的其他企业提供担保，以及为防止股东及其关联方占用或者转移公司资金、资产及其他资源的行为发生所采取的具体安排。

C. 申请挂牌公司应根据《公司法》和《企业会计准则》的相关规定披露关联方、关联关系、关联交易，并说明相应的决策权限、决策程序、定价机制、交易的合规性和公允性、减少和规范关联交易的具体安排等。申请挂牌公司应披露最近两年股利分配政策、实际股利分配情况以及公开转让后的股利分配政策。

3. 公司不存在依据《公司法》第一百八十一条规定解散的情形，或法院依法受理重整、和解或者破产申请。

三、公司治理机制健全，合法规范经营

公司治理机制健全，是指公司按规定建立股东大会、董事会、监事会和高级管理层（以下简称“三会一层”）组成的公司治理架构，制定相应的公司治理制度，并能证明有效运行，保护股东权益

①公司依法建立“三会一层”，并按照《公司法》、《非上市公众公司监督管理办法》及《非上市公众公司监管指引第 3 号—章程必备条款》等规定建立公司治理制度。

②公司“三会一层”应按照公司治理制度进行规范运作。在报告期内的有限公司阶段应遵守《公司法》的相关规定。

③公司董事会应对报告期内公司治理机制执行情况进行讨论、评估。

法律解读：

实践中拟上新三板的企业公司治理相对较弱，部分企业尚未建立董事会，部分企业董事会成员主要为家族成员。

（1）建议在股改时规范公司的三会一层，存在家族成员控制董事会情形的，适当引进公司管理层或者外部董事。在公司经营状况较好的情况下也可以考虑引入独立董事。

（2）重视公司三会治理制度实际应用，公司经营应当严格按照公司章程等公司制度执行，提早适应挂牌后的信息披露要求。

全国股份转让系统对挂牌转让的企业信息披露要求券商进行终身督导，但是因为大部分新三板挂牌企业董事会秘书由主管业务经营的高管兼任，而公司又没有配备较为熟悉资本市场的证券事务代表，甚至大部分新三板企业并没有设置这个岗位。所以除了公司老板和财务负责人、董事会秘书了解一定的新三板概况外，关于信息披露、制度建设并不是非常熟悉，甚至很多公司老板都没仔细看过律师为公司起草的三会议事规则、信息披露制度等文件。因此，熟悉规则的人才会利用规则，不熟悉规则的企业即便上了新三板也是形在神不在。

合法合规经营，是指公司及其控股股东、实际控制人、董事、监事、高级管理人员须依法开展经营活动，经营行为合法、合规，不存在重大违法违规行为。

（1）公司的重大违法违规行为是指公司最近24个月内因违犯国家法律、行政法规、规章的行为，受到刑事处罚或适用重大违法违规情形的行政处罚。

行政处罚是指经济管理部门对涉及公司经营活动的违法违规行为给予的行政处罚。

重大违法违规情形是指，凡被行政处罚的实施机关给予没收违法所得、没收非法财物以上行政处罚的行为，属于重大违法违规情形，但处罚机关依法认定不属于的除外；被行政处罚的实施机关给予罚款的行为，除主办券商和律师能依法合理说明或处罚机关认定该行为不属于重大违法违规行为的外，都视为重大违法违规情形。

法律解读：

《行政处罚法》及相关法律中没有鉴定什么是重大违法违规行为，重大违法违规也不是一个法律概念，实践中律师需要自行判断是否属于重大违法违规行为，但是律师一般都比较谨慎，需要企业到相关行政机关开具受到的行政处罚不属于重大违法违规的证明文件。行政机关在处理企业上市、上新三板比较谨慎，开具的文件也趋向规范化、格式化。

比如，企业因发票丢失、财务不规范等原因被税务部门处罚几百或者几千元，或者上万元，如何判断是否属于重大处罚呢？在相关行政法规中有一个情节严重的加重处罚，一般在行政处罚中适用情节严重、造成严重后果的，一般即便是行政处罚机关出具不属于重大违法违规行为，律师也要慎重做出判断。

对于相关行政处罚中，处罚金额不大，如低于10万元，未出现情节严重的事项，明确为一般行政处罚，或者适用简易程序的，或者行政处罚并非针对公司主营业务做出的行政处罚，律师一般均可以自行做出判断。实践中相关行政处罚机关亦会根据相关法律法规开具属于一般行政处罚，或者适用简易程序处罚，或者情节轻微的处罚，该等情况下，律师基本上可以判断是否属于重大行政处罚行为。

③公司最近24个月内不存在涉嫌犯罪被司法机关立案侦查，尚未有明确结论意见的情形。

（2）控股股东、实际控制人合法合规，最近24个月内不存在涉及以下情形的重大违法违规行为

①控股股东、实际控制人受刑事处罚；

②受到与公司规范经营相关的行政处罚，且情节严重；情节严重的界定参照前述规定；

③涉嫌犯罪被司法机关立案侦查，尚未有明确结论意见。

（3）现任董事、监事和高级管理人员应具备和遵守《公司法》规定的任职资格和义务，不应存在最近24个月内受到中国证监会行政处罚或

者被采取证券市场禁入措施的情形。

法律解读：

如董监高被列入工商部门企业诚信系统的黑名单，且在报告期的，不能在拟挂牌企业担任董监高及法定代表人。

（1）《公司法》的规定。《公司法》第147条第1款第4项规定，担任因违法被吊销营业执照的公司的法定代表人，并负有个人责任的，自该公司、企业被吊销营业执照之日起未逾三年的，不得担任公司的董事、监事、高级管理人员；该条第2款规定公司违反前款规定选举、委派董事、监事或者聘任高级管理人员的，该选举、委派或者聘任无效。

（2）国家工商行政管理总局关于企业法定代表人是否负有个人责任问题的答复（工商企字〔2002〕第123号）。企业年度检验是工商行政管理机关依法按年度对企业进行检查，确认企业继续经营资格的法定制度，企业应依法接受年度检验，逾期不接受年度检验是一种违法行为。企业逾期不接受年度检验，被工商行政管理机关依法吊销营业执照，该企业的法定代表人作为代表企业行使职权的负责人，未履行法定的职责，应负有个人责任，但年检期间法定代表人无法正常履行职权的除外。

根据《企业法定代表人登记管理规定》第4条的规定，因违法被吊销营业执照的企业的法定代表人，并对该企业违法行为负有个人责任，自该企业被吊销营业执照之日起未逾三年的，不得担任法定代表人。该类人员仍然在其他企业中担任法定代表人的，相关企业应按规定办理法定代表人变更登记。相关企业不按规定办理变更登记的，工商行政管理机关一经发现或经举报核实，应责令相关企业限期办理法定代表人变更登记，对逾期不办理变更登记的，工商行政管理机关应依照《企业法定代表人登记管理规定》第12条的规定予以处理。

公司报告期内不应存在股东包括控股股东、实际控制人及其关联方占用公司资金、资产或其他资源的情形。如有，应在申请挂牌前予以归还或规范

法律解读：

常见的关联方有以下几种：①公司的控股股东，以及其控制的其他

企业；②持股5%以上股东，以及其控制的其他企业；③公司的董事、监事及高级管理人员（包括总经理、副总经理、财务负责人等），以及其控制的其他企业；④持股20%以上的被投资单位。报告期内公司控股股东占用公司资金、资产等情形的，应当及时清理、归还，并加扣利息，利息可以参照同期银行贷款利息。并建议控股股东出具《规范控股股东占用公司资金的承诺函》予以规范。

同业竞争和关联交易问题。虽然新三板可以容忍同业竞争和关联交易的存在，但是①同业竞争如果不能给出合理的解释，很难被全国股份转让系统接受，且全国股份转让系统需要实际控制人出具为避免同业竞争采取的措施及做出的承诺，因此，应当避免存在实际控制人同业竞争的问题。②是否存在关联方关系非关联化的情形，例如，与非正常业务关系单位或个人发生的偶发性或重大交易，缺乏明显商业理由的交易，实质与形式明显不符的交易，交易价格、条件、形式等明显异常或显失公允的交易，应当考虑是否为虚构的交易、是否实质上是关联方交易、该交易背后是否还有其他安排；

如存在关联交易，需要论证关联方交易存在的必要性和持续性，以及减少和规范关联交易的具体安排。

公司应设有独立财务部门进行独立的财务会计核算，相关会计政策能如实反映企业财务状况、经营成果和现金流量。

法律解读：

这里需要强调的我们经常讲的“五独立”即资产独立、人员独立、财务独立、机构独立、业务独立。

资产独立：挂牌公司资产应独立完整、权属清晰，控股股东、实际控制人不得占用、支配公司资产或干预公司对资产的经营管理。

人员独立：挂牌公司人员应独立于控股股东。挂牌公司的经理人员、财务负责人、营销负责人和董事会秘书在控股股东单位不得担任除董事以外的其他职务。控股股东高级管理人员兼任挂牌公司董事的，应保证有足够的时间和精力承担挂牌公司的工作。

财务独立：挂牌公司应按照有关法律、法规的要求建立健全的财务、会计管理制度，独立核算。控股股东应尊重公司财务的独立性，不得干预公司的财务、会计活动。

机构独立：挂牌公司的董事会、监事会及其他内部机构应独立运作。控股股东及其职能部门与挂牌公司及其职能部门之间没有上下级关系。控股股东及其下属机构不得向挂牌公司及其下属机构下达任何有关挂牌公司经营的计划和指令，也不得以其他任何形式影响其经营管理的独立性。

业务独立：挂牌公司业务应完全独立于控股股东。控股股东及其下属的其他单位不应从事与挂牌公司相同或相近的业务。控股股东应采取有效措施避免同业竞争。

对于拟挂牌公司的资产及盈利状况需要关注以下问题。

主要事项	关注点	注意事项
应收款项	应收款项回款是否正常	
	应收款项是否存在账龄较长的应收账款或尚未核销的呆账	如果存在，具体形成原因是什么？金额多少？是否可以收回？
	是否存在控股股东或其他关联方非经营性业务占用公司资金的情形；金额多少？	控股股东非经营性占用的资金应当归还。
存货	存货在库时间是否过长、是否存在滞销库存	如果库存过长、存在滞销库存，具体原因是什么？是否有进一步的应对措施？
	财务记载的存货数量是否与实际库存相符	如果不相符，具体原因是什么？
固定资产	公司设备、房产、土地等固定资产权属是否存在纠纷？不动产的权属证明是否齐备	如果未办理产权证，具体原因是什么？能否补办？
	是否存在闲置的固定资产	如果存在，资产价值多少？闲置原因？闲置状况是否会持续？有否应对措施？
	财务记载的固定资产数量是否与实际相符？	如果不相符，具体原因是什么？

续表

主要事项	关注点	注意事项
收入	收入是否稳定	如果大幅波动，原因是什么？
	收入是否完整？是否存在账外收入？	如果考虑账外收入，公司真实的收入规模、利润是多少？
	毛利率水平（营业收入 - 营业成本）/营业收入	如果公司的毛利率、利润率水平与上市公司偏离 10% 以上，应询问相关原因
	利润率水平（净利润/营业收入）	
	同行业上市公司的毛利率、利润率水平	
补贴收入	补贴收入的内容	关注公司是否可以持续获得
	补贴收入的规模	
	补贴收入占当期利润的比重	
	剔除补贴收入，公司能否保持盈利	
关联交易	关联交易的性质	采购？销售？其他？
	关联采购占总采购额比重、关联销售占总销售额比重	
	关联交易的定价方式、相对市场价格是否偏高或偏低	如果定价明显偏离市价，采取此种定价方式的具体原因
	如果按照市场价格定价，公司的盈利将会产生何种影响	

四、股权明晰，股票发行和转让行为合法合规

股权明晰，是指公司的股权结构清晰，权属分明，真实确定，合法合规，股东特别是控股股东、实际控制人及其关联股东或实际支配的股东持有公司的股份不存在权属争议或潜在纠纷。

法律解读：

股权不明晰比较常见的有股权代持、历史上存在职工持股会、集体企业改制程序缺失、历次股权转让中可能存在的诉讼等等。

股权代持的核查首先要从公司股东入手，向股东说明相关法律法规的规定，明确股权代持对公司上新三板挂牌转让的法律障碍，说明信息披露的重要性，阐述虚假信息披露被处罚的风险，说明诚信在资本市场

的重要性。

如果股东能够自己向中介机构说明原因，一般情况下，中介机构可以根据股东的说明进一步核查，提出股权还原的解决方案。

核查中需要落实是否签署了股权代持协议，代持股权时的资金来源，是否有银行流水，代持的原因说明，还原代持时应当由双方出具股权代持的原因，出资情况，以及还原后不存在任何其他股权纠纷、利益纠葛。

如果股东未向中介机构说明，中介机构自行核查难度较高，但是还是可以通过专业的判断搜索到一些蛛丝马迹，如该股东是否在公司任职，是否参加股东会，是否参与分红，股东是否有资金缴纳出资，股东出资时是否是以自有资产出资，与公司高级管理人员访谈，了解股东参与公司管理的基本情况等。

①公司的股东不存在国家法律、法规、规章及规范性文件规定不适宜担任股东的情形。

法律解读：

公务员、事业单位人员在兴办企业及在企业禁止任职规定。

根据《公务员法》规定，公务员不得从事或者参与营利性活动，在企业或者其他营利性组织中兼任职务。公务员因工作需要在机关外兼职，应当经有关机关批准，并不得领取兼职报酬。公务员辞去公职或者退休的，原系领导成员的公务员在离职三年内，其他公务员在离职两年内，不得到与原工作业务直接相关的企业或者其他营利性组织任职，不得从事与原工作业务直接相关的营利性活动。

根据《中国共产党党员领导干部廉洁从政若干准则》（2010 年 2 月 23 日），党的机关、人大机关、行政机关、政协机关、审判机关、检察机关中县（处）级以上党员领导干部；人民团体、事业单位中相当于县（处）级以上党员领导干部。

国有和国有控股企业（含国有和国有控股金融企业）及其分支机构领导人员中的党员；县（市、区、旗）直属机关、审判机关、检察机关的科级党员负责人，乡镇（街道）党员负责人，基层站所的党员负责人参照执行本准则。

禁止私自从事营利性活动。不准有下列行为：个人或者借他人名义经商、办企业；违反规定拥有非上市公司（企业）的股份或者证券；违反规定买卖股票或者进行其他证券投资；个人在国（境）外注册公司或者投资入股；违反规定在经济实体、社会团体等单位中兼职或者兼职取酬，以及从事有偿中介活动；离职或者退休后三年内，接受原任职务管辖的地区和业务范围内的民营企业、外商投资企业和中介机构的聘任，或者个人从事与原任职务管辖业务相关的营利性活动。

根据《中共中央纪委教育部监察部关于加强高等学校反腐倡廉建设的意见教监》〔2008〕15 号，学校党政领导班子成员应集中精力做好本职工作，除因工作需要、经批准在学校设立的高校资产管理公司兼职外，一律不得在校内外其他经济实体中兼职。确需在高校资产管理公司兼职的，须经党委（常委）会集体研究决定，并报学校上级主管部门批准和上级纪检监察部门备案，兼职不得领取报酬。学校党政领导班子成员不得在院系等所属单位违规领取奖金、津贴等；除作为技术完成人，不得通过奖励性渠道持有高校企业的股份。要加强对领导干部遵守党的政治纪律、贯彻落实科学发展观、执行民主集中制、遵守廉洁自律规定和执行党风廉政建设责任制等情况的监督。

未成年人可否成为公司股东问题。

根据《国家工商行政管理总局关于未成年人能否成为公司股东问题的答复》（工商企字〔2007〕131 号）：《公司法》对未成年人能否成为公司股东没有作出限制性规定。因此，未成年人可以成为公司股东，其股东权利可以由法定代理人代为行使。

②申请挂牌前存在国有股权转让的情形，应遵守国资管理规定。

③ 申请挂牌前外商投资企业的股权转让应遵守商务部门的规定。

股票发行和转让合法合规，是指公司的股票发行和转让依法履行必要内部决议、外部审批（如有）程序，股票转让须符合限售的规定。

①公司股票发行和转让行为合法合规，不存在下列情形：

最近36个月内未经法定机关核准，擅自公开或者变相公开发行过证券；

违法行为虽然发生在36个月前，目前仍处于持续状态，但《非上市公众公司监督管理办法》实施前形成的股东超200人的股份有限公司经中国证监会确认的除外。

法律解读：

股东超过200人问题一直是此类企业上市的硬伤，《非上市公众公司监督管理办法》实施后，历史上超过200人股东的企业可以通过新三板走向资本市场。

公司股票限售安排应符合《公司法》和《全国中小企业股份转让系统业务规则（试行）》的有关规定。

在区域股权市场及其他交易市场进行权益转让的公司，申请股票在全国股份转让系统挂牌前的发行和转让等行为应合法合规。

公司的控股子公司或纳入合并报表的其他企业的发行和转让行为需符合本指引的规定。

高慧 | 德恒上海律师事务所律师

新三板与投资机构

◎徐业伟

从 2012 年开始，金融媒体上基本上每天都会有新三板的消息，有的媒体甚至开设了专栏。2012 年 8 月，新三板在北京中关村园区的基础上，扩容到上海张江园区、武汉东湖园区和天津滨海园区，媒体很是热炒了一下。2013 年 2 月 8 日新规则的发布，2013 年 2 月 15 日“介绍上市”的广为人知，2013 年 6 月 19 日国务院常务会议的关于全国股份转让系统扩容到全国的决定，都让新三板着实地火了几把。

2013 年 12 月 14 日，对于新三板来说具有划时代的意义，这一天，《国务院关于全国中小企业股份转让系统有关问题的决定》（国发〔2013〕49 号）正式决定“境内符合条件的股份公司均可通过主办券商申请在全国股份转让系统挂牌”，并明确为全国股份转让系统定位：“全国股份转让系统是经国务院批准，依据证券法设立的全国性证券交易场所。”

2014 年 1 月 24 日，285 家企业作为全国扩容后的首批企业共同挂牌，标志着全国股份转让系统步入了全面发展、创新发展、快速发展的新阶段。这是我国多层次资本市场建设的重要成果，也是我国金融领域改革创新的重要实践。

不过，可以确信，尽管有那么多关于新三板的报道，很多人仍然对全国股份转让系统不是特别了解，甚至有很多以讹传讹的说法和看法。

笔者作为国内较早从事新三板工作的从业人员，期望通过这篇文章让读者能对新三板的沿革有一个比较全面的了解，并从个人角度对新三板能够给投资机构带来的观念变革作一简要分析。

一、新三板的前世今生

1. 前世——代办股份转让系统

新三板的前身是中国证券业协会主管的“代办股份转让系统”，即俗称的“新三板”。2003 年 12 月，为了解决中关村科技园区中小企业原有股东股份退出渠道等问题，科技部、北京市政府联合向国务院上报了《关于中关村科技园区非上市股份有限公司进入证券公司代办股份转让系统进行股份转让试点的请示》（因为有科技部参与等原因，后来新三板试点在一段时间内还限定于国家级的高新技术园区），2005 年 10 月，国务院批复同意试点。2006 年 1 月 23 日，申银万国证券股份有限公司作为主办券商推荐了世纪瑞尔（430001）和中科软（430002）成功登陆新三板，中国证券历史上又一个里程碑式的事件就此诞生。

不过，虽然代办股份转让系统定位为全国性的，但是开始仅在中关村进行试点。从 2006 年下半年起，一直有准备扩容进行第二批试点的传言，但是遗憾的是一直“只闻楼梯响，不见人下来”。后来，还有过扩容方式的各种传言，一种是扩容至全国所有的国家级高新技术开发区，一种是进行第二批、第三批等试点。

2012 年 8 月，对于新三板来说又是一个里程碑式的时间。监管层正式决定将新三板扩容至上海张江园区、天津滨海园区及武汉东湖园区。这虽然是从一个试点园区扩容到四个试点园区，却是一个质的飞跃，它标志着新三板正式从一个区域性市场升格为全国性市场。

2. 今生——全国股份转让系统

2012年、2013年对于新三板而言是有太多新闻的年份。2012年9月20日，全国中小企业股份转让系统有限责任公司（以下简称“全国股转公司”或“股转公司”）在国家工商总局注册成立，注册资本30亿元。上海证券交易所、深圳证券交易所、中国证券登记结算有限责任公司、上海期货交易所、中国金融期货交易所、郑州商品交易所、大连商品交易所为股转公司股东单位。从此代办股份转让系统成为历史名词，新三板进入“全国股份转让系统”阶段。

接下来是一系列政策或事件。

2012年10月，《非上市公众公司监督管理办法》出台；

2013年1月，《非上市公众公司监督管理办法》实施细则出台；

2013年1月16日，全国股转公司正式挂牌；

2013年1月21日，全国证券期货监管工作会议召开，明确将新三板扩容列为2013年10项重点工作之首；

2013年2月8日，全国股份转让系统一系列新规则发布，标志着新三板的脱胎换骨，正式进入中国证监会监管时代；

2013年5月6日，国务院常务会议将“出台扩大中小企业股份转让系统试点范围方案”列入2013年我国深化经济体制改革的重点工作；

2013年6月19日，国务院常务会议决定“加快发展多层次资本市场。将中小企业股份转让系统试点扩大至全国，鼓励创新、创业型中小企业融资发展”；

2013年12月14日，《国务院关于全国中小企业股份转让系统有关问题的决定》（国发〔2013〕49号）正式决定将全国股转系统扩容至全国；

2014年1月24日，285家企业作为全国扩容后的首批企业共同挂牌，标志着全国股份转让系统步入了全面发展、创新发展、快速发展的新阶段。

3. 定位

根据国发〔2013〕49号文，全国股份转让系统的定位是：“经国务院批准，依据证券法设立的全国性证券交易场所，主要为创新型、创业型、成长型中小微企业发展服务。境内符合条件的股份公司均可通过主办券商申请在全国股份转让系统挂牌，公开转让股份，进行股权融资、债权融资、资产重组等。”

根据此定位，完全有理由相信，全国股份转让系统是一个和上海证券交易所、深圳证券交易所相类似的全国性的证券交易场所，早已经不是中关村时代的“新三板”，如果硬要说它是“新三板”，那也是“新新三板”。事实上，自从全国股转公司成立后，笔者更愿意用“NEEQ”来代指全国股转系统或全国股转公司（在业内，大多数人会用“北交所”来代指全国股转公司），而对于挂牌企业所在的板块，笔者更愿意用“创新板”这个名字，“创”取自于国务院定位中的“创新型、创业型、成长型”，“新”是因为它是新事物，同时也是因为在全国股转系统挂牌的企业多为高新技术企业。

二、全国股转系统对投资机构的影响

对于投资机构而言，全国股转系统的推出无疑将对其产生深远的影响，概括而言，主要在如下几个方面。

1. 将为投资机构提供大量优质的企业

全国股转系统主要为创新型、创业型、成长型中小微企业发展服务，而创新型、创业型和成长型中小微企业一直以来都是投资机构青睐的对象。在全国股转系统没有推出之前，这部分企业基本上很难达到上市的标准，因此投资机构要想了解这些企业，基本上只能通过较为低效的方式方法去接触。在全国股转系统推出后，越来越多的创新型、创业型和成长型中小微企业将会选择挂牌，这样就使得投资机构可以较为方便地接触到这些优质企业。

2. 将成为投资机构的重要退出渠道之一

毫无疑问，全国股转系统将会成为投资机构的重要退出渠道之一。在全国股转系统推出之前，投资机构如果要想退出，只有 IPO、并购或回购等方式。IPO 可能获利最丰厚，但是不确定性也最大，时间可能还非常长；并购虽然是一条很不错的退出途径，但是要想成功完成并购也不是非常容易，而且一般情况下并购的收益不会太高；回购可能是投资机构最不愿意看到的一种退出渠道，投资机构往往认为，如果一个项目是回购退出，则意味着投资失败。

全国股转系统给了投资机构一个全新的退出渠道。被投资企业可以在较短时间内实现挂牌（一般为八个月左右），成功率也非常高，收益一般情况下虽然比 IPO 低但是比并购高，更关键的是，除了公司法等法定的时间限制外，退出没有时间上的限制。现在无论是挂牌前的增资还是挂牌之后的发行，只要没有法定限制情形，只要投资机构不是实际控制人，按照规定可以一次性进行转让。加上全国股转系统的转板预期、新交易规则预期、并购重组概念等，越来越多的投资机构对全国股转系统的态度由观望已经转变为积极参与，甚至一家业内十分著名的投资机构本身也准备在全国股转系统挂牌。

3. 将成为投资机构的重要盈利来源

全国股转系统也将成为投资机构的重要盈利来源。虽然在全国股转系统挂牌的大多是创新型、创业型、成长型中小微企业，但是这或许正代表着中国未来的先进生产力的发展方向。在 NASDAQ 刚刚推出的时候，谁也不会想到，一家叫作 Intel 的创新型、创业型、成长型中小微企业能够成长为参天巨树。我们也有理由相信，有了资本市场的扶持，在全国股转系统挂牌的企业当中，未来肯定也会出现很多非常优秀的企业。而这些企业现在都将会出现在所有投资机构的视线中，只要投资机构有慧眼能够识别，未来必将给它们带来十分丰厚的回报。

4. 将改变投资机构的竞争格局

在全国股转系统没有推出之前，基本上是有背景、有实力的大型投资机构的天下，很多中小型、民营的投资机构生存空间是受限的，尤其是在 Pre - IPO 领域，中小型、民营投资机构无法和有背景、有实力的投资机构相抗衡。

在全国股转系统推出之后，投资机构的竞争格局将会发现变化。面对这样一个全新的市场，由于挂牌的多是创新型、创业型、成长型中小微企业，很多大型投资机构可能还没有对这一块业务予以足够的重视，而且很多拟挂牌或已挂牌公司在早期需要的可能仅仅是资金的投资，对于其他方面考虑的并不是非常多，因此现在所有的投资机构都将站在同一起跑线上。如果中小型、民营的投资机构能够发挥其“船小好调头”的优势，则将会在全国股转系统的相关投资方面取得优势地位，长久来看，将会慢慢改变投资机构的竞争格局。

5. 将改变投资机构的投资理念

这应该是全国股转系统带给投资机构的最重要的变化，由于全国股转系统及挂牌公司等相关主体的特性，使得部分目前盛行的投资理念将会发生比较重大的变化，主要体现在：

（1）投资阶段的前移

按照被投资对象所处阶段来划分投资，可以分为天使投资、VC 投资、PE 投资、Pre - IPO 等，我国投资机构目前更多投向的是 PE 投资和 Pre - IPO 等，VC 投资已经相对较小，而真正的天使投资则少之又少。在美国等国家，天使投资又被称为 3F 投资（Family、Friend、Fool），我国人口众多，按照常理来推测，3F 应该更多，但实际上并非如此，那么一定是有其他方面的因素导致了这样的现象。我们认为，退出机制的相对缺乏是导致这一现象的重要原因。诚如上文所述，在全国股转系统没有推出之前，投资机构的退出渠道往往是 IPO、并购和回购，但是这三种退出渠道并不是非常畅通的。所以，对于绝大多数资金都是有使用年限和回报率要求的投资机构而言，其理性的选择只能是投资相对成熟的企业，最好能够是 Pre－IPO 的企业，这样在保证收益率的同时还能较好较快地实现退出。而对于风险极大、退出具有很大不确定性的天使投资，投资机构一般情况下是不会投资的。不过，在美国等资本市场较为发达的国家，退出渠道可能会更加多元化，且不说粉单市场和 OTCBB，就连广为人知的世界上最成功的创业板 NASDAQ，其一些板块的上市条件相比中国创业板而言要宽松得多，真正是一个创业板，天使投资人投资的企业很可能很快就能在 NASDAQ 上市，从而方便天使投资人的退出。

但是，全国股转系统的推出将可以改变这种现象。由于其挂牌条件相对较低、挂牌成功率相对较高、股份转让的限制相对较少等有利条件，因而未来将会成为创新型、创业型和成长型中小微企业的乐园，越来越多的中小微企业可以通过在全国股转系统挂牌来达到快速对接资本市场的目的，而对于投资机构而言，通过全国股转系统，其也可以更方便地退出。退出机制完善了，投资机构肯定更乐意于将投资阶段提前，于是，更多的天使投资、VC 投资出现了，与之相对应的，将有更多、更好的中小微企业能够通过接受天使投资、VC 投资而更好地发展。

（2）投资金额的小额化

对于投资机构而言，出于人员、成本等方面的考虑，也基于被投资企业所处的阶段等因素，往往投资金额都相对较大。不少投资机构都较为明确地规定 3000 万元、5000 万元或 1 亿元起投。不少这样的投资机构目前也对全国股转系统挂牌企业感兴趣，但是真正接触下来后，发现可能在全国股转系统内找不到几家合适的投资对象。

全国股转系统挂牌企业的特点用官方总结来说叫作“小而美”，统计数据显示，截至 2012 年末，挂牌公司平均股本 2769 万股，平均营业收入 9476 万元，平均净资产 6189 万元，平均净利润 830 万元。挂牌公司 2012 年平均营业收入增长 17%，净利润同比增长 9%。这份统计数据突出体现了挂牌企业“小而美”的特点，而挂牌企业中很多都是细分行业的龙头企业，未来成长空间很大。

不过，诚如上文所言，这样的企业类型可能并不是传统投资机构的青睐对象。在实务中，经常会出现这样的情况：投资机构的项目人员对挂牌企业非常看好，但是因为最低投资金额的限制，最后不得不放弃投资。从挂牌企业的融资金额来看，目前单笔融资规模最大的现代农装也只有3.2亿元，融资规模最小的只有100万元左右，平均的单笔融资规模在4000万元左右，而对于全国股份转让系统主要的服务对象——创新型、创业型、成长型中小微企业而言，他们单笔的融资规模多在2000万元左右，而且它会对主办券商提出要求，最好不要由一家投资机构来投资。这样算来，对于投资机构而言，一家挂牌企业单次投资规模可能多在1000万元以下，无外乎很多传统投资机构无法投资挂牌企业了。

未来，全国股份转让系统的发展必然使得投资机构投资金额的小额化，以适应挂牌企业特点，满足挂牌企业的融资需求。

（3）投资流程的新变化

以前传统的投资机构如果要投资一家企业，可能会花很长的时间才能作出投资决定，前期接触、尽职调查、内部决策流程等都会历经较长时间。不过，相信随着全国股份转让系统的发展，必然会使得投资机构的投资决策时间缩短、投资流程简化。

由于挂牌企业普遍规模较小，单次融资金额也较小，一般有资金需求时往往也比规模以上企业来得急切，通常会要求投资人在短时间内作出决定，所以将会导致投资机构的投资决策时间缩短，投资流程简化。而对于投资机构而言，因为挂牌企业是公众公司，可以通过查阅公开资料省去前期接触的时间，也可以通过查阅公开资料、走访主办券商等方式来简化流程，对于投资金额较小的投资行为，甚至可以不经现场尽职调查，直接依据相关公开资料等，作出投资决策。

（4）投后管理的新变化

全国股份转让系统推出后，相信也会对投资公司的投后管理方面产生较大的影响。现在投资机构已经越来越认识到增值服务在激烈竞争中的重要性，在放缓投资节奏的同时，把投后管理放到了越发重要的位置。但是如何做好投后管理一直是一个难题，之前很多传统投资机构花费大量人力物力在投后管理上，但是会导致成本居高不下，效果也不一定会非常好，在原来单个项目投资金额较大、项目个数较少时，或许还可以维持，但如果将全国股份转让系统挂牌企业也作为投资的主要方向时，可能会对原有的投后管理体系形成很大冲击。由于投资金额小、项目众多，已经无法再像以前那样进行非常精细化、高成本的管理，这就会迫使投资机构对于投资的众多企业采取一种全新的投后管理模式，甚至会有部分小型的投资机构更多地依赖于主办券商的持续督导，进一步弱化自身的投后管理的部分职能。

三、结语

全国股份转让系统的推出、全面扩容和包括投资者适当性管理制度等制度创新，诚如上文所述，是我国多层次资本市场建设的重要成果，也是我国金融领域改革创新的重要实践。随着时间的推移，全国股份转让系统对于资本市场各方面的积极影响将逐步显现。党中央、国务院对全国股份转让系统寄予厚望，明确指出其功能是“更好地发挥金融对经济结构调整和转型升级的支持作用，进一步拓展民间投资渠道，缓解中小微企业融资难”。全国股份转让系统要实现这样的功能只能是通过制度调动各方参与的积极性，仅从其对投资机构的影响来看，笔者有理由相信股权股份转让系统能够实现。如果投资机构能够看好全国股份转让系统及其挂牌企业，那么必将使得中小微企业提前与资本市场接轨，将科技和资本有机结合，从而进一步拓展民间投资渠道、缓解中小微企业融资难，更好地促进经济结构调整和转型升级。

徐业伟 申银万国证券股份有限公司场外市场总部副总经理

新三板对中小企业意义重大

◎黄　嵩

中小企业融资难，是中国当前经济金融的一个突出现象。

中国下一步金融改革的一个核心任务，是通过发展多层次资本市场，缓解中小企业融资难，使得金融更好地为经济发展服务。

而定位于服务创新型、创业型、成长型中小微企业的新三板，正是多层次资本市场的重要组成部分，是缓解中小企业融资难的重要手段。正如《国务院关于全国中小企业股份转让系统有关问题的决定》所指出的，发展新三板是“为更好地发挥金融对经济结构调整和转型升级的支持作用，进一步拓展民间投资渠道……缓解中小微企业融资难”。

中小企业自身特性决定了要缓解中小企业融资难，主要须从以下三个方面着力。

一是直接融资。企业融资一般分为间接融资和直接融资，间接融资主要是通过商业银行融资，直接融资主要是通过资本市场融资。长期以来，中国的企业融资结构存在严重失衡，间接融资占了70%以上。这势必造成中小企业融资难。因为贷款利率不可能太高，如果银行对高风险的中小企业贷款，利息收入难以覆盖违约风险，所以，银行的经营本质决定，其主要是为经营稳定的大企业提供贷款。

二是私募融资。企业直接融资可分为公募融资和私募融资。相对于股票发行上市、债券公开发行等公募融资，私募融资有两个约束：一是投资者适当性管理，只有一定风险识别能力和承受能力的投资者才能投资；二是投资者人数限制。由于私募具有上述两个约束，风险外溢性较小，尤其适合风险较高的中小企业融资。

三是股权融资。相对股权融资，债券是固定收益，无论企业经营好坏，都得按期还本付息，因此利息不可能太高。事实上，国外的高收益债券（垃圾债券），基本上都是用于杠杆收购等金融操作，而非企业日常融资。这决定了债券融资适合于经营比较稳定的企业，而绝大多数中小企业，都难以实现债券融资。另外，目前中国债券市场的主要投资者，是国有金融机构，特别是商业银行、信用社和保险公司，而且短期内难以改变。这些投资者偏好低风险低收益的债券，这也限制了债券融资主要是为大企业服务。目前，中小企业私募债券发展现状的不理想，就是一个典型代表。与此同时，中国企业目前的债务融资比例在70%左右，这么高的负债率，金融经济风险很高，即便不发展股权融资，也难以提高债券融资比例。

综上所述，未来中国中小企业融资，私募股权直接融资将是重中之重，而新三板正是典型的私募股权直接融资形式。可以预见，新三板在未来的中小企业融资中，将扮演日益重要的角色。

相比于试点阶段，新三板正式向全国企业开放后，推出做市商制度等提高股权流动性的措施，以及挂牌同时可以定向增发、股东人数允许超过200人等诸多制度安排，进一步提高了新三板挂牌企业的股权融资能力。

另外，新三板对于开辟中小企业融资渠道，不仅限于股权融资，还能拓展其债务融资。创业企业因为普遍缺乏抵押、担保品，大多存在银行贷款困难的情况，而通过在新三板挂牌，可以有效提升企业的信用水平，提高银行授信。例如，德鑫物联（430074）在新三板挂牌前在银行贷不到款，而在新三板挂牌后，一个月之内就有三家银行主动找上门来要放贷款。2012年11月，德鑫物联还成功发行中小企业私募债券，融资2500万元。

当然，新三板对于中小企业的意义，不仅仅在于缓解融资难，还有诸多好处。

首先，规范企业管理。中小企业普遍存在公司治理机制欠规范、内控制度不健全等问题，不利企业的进一步发展。而到新三板挂牌，通过主办券商辅导下的股份制改造规范企业管理，企业在新三板挂牌后的信息披露要求，也使得企业的管理透明、规范，有利于企业长期健康有序发展。

其次，完善激励机制。创业企业的薪水和福利难以与大企业匹敌，往往通过股权激励来留住和吸引人才。但如果股份不能流通、价值难以衡量，股权激励实际难以起到作用，因为员工拿到的股权只是“死股份”，只是苍白无力的账面数字。通过在新三板挂牌，员工手上的股权真正变成看得见的财富和实实在在的奖励，在这种情况下，股权激励才真正使人才变成实际生产力。例如，首家在新三板实施股权激励的首都在线（430071），2011 年 9 月以每股 11 元向 16 名公司管理人员和骨干员工发行 18. 4 万股，成功把高管和骨干的利益与股东利益和企业发展捆绑在一起。

再次，提升宣传效应。创业企业在全国性证券交易场所新三板挂牌后，能够提升企业品牌，扩大知名度，促进企业开拓市场，并获得政府的更多关注和支持。

黄嵩 | 北京大学金融与产业发展研究中心秘书长

资本

新三板

Capital

案　例

新三板

中小企业梦想的舞台

◎柳中心

2013 年，资本市场的关键词非“新三板”莫属，那么究竟什么是新三板，新三板对于企业和市场的意义何在呢？在这里，我作为新三板挂牌企业——广东奥美格传导科技股份有限公司的董事长，以我们企业的亲身经历来具体阐述一下。

中国的资本市场形成较晚，目前资本市场结构按企业数量分，呈一个倒三角的形状，处于顶端的为主板市场，第二层为中小板市场，第三层为创业板市场，第四层也是最后一层为全国中小企业股份转让系统，也就是我们平时所说的新三板。全国中小企业股份转让系统这个平台主要组织安排非上市股份公司股份的公开转让，为非上市股份公司融资、并购等相关业务提供服务，为市场参与人提供信息、技术和培训服务。设立全国中小企业股份转让系统是加快我国多层次资本市场建设发展的重要举措，对于改善中小企业金融环境，大力推动创新、创业，积极推动我国场外市场健康、稳定、持续发展有着重要意义。从改善中小企业融资环境这点来说，新三板与美国的纳斯达克成立之初的宗旨是一样的，所以其发展目标是打造中国的纳斯达克。

2012 年 5 月，我公司开始着手挂牌前的准备工作。其实当初在公司高层做出新三板挂牌决策时，对于这个项目带给公司的意义还没有很深的认识，当时更多地考虑是公司可以借助这个项目的开展进驻松山湖园区，作为一个技术型创新企业，可以得到领导更多的关注和一些政府资源的扶持。在工作不断深入进展中，我们逐渐认识到了新三板挂牌对企业的意义真的远远不止当初所认识的，它带给企业更深层的意义在于它为企业提供了一个舞台，为了在这个舞台上更好地表现自己，企业要有台下十年功的勇气和毅力。

具体来说，新三板带给我们奥美格公司的意义有如下几个方面。

首先，新三板挂牌将有力推动企业战略实现。依据奥美格公司2014～2018年的五年战略规划，公司战略得以实现的有效保障是战略之下九大规划的成功实施和完成。九大规划中，资本金规划为战略实现提供资金资源保障，新三板作为债股双融平台，为企业融资提供了更多的渠道。此外，借助新三板挂牌，公司完成了战略层级的股票期权激励，将目标管理与针对公司战略层级的股票期权激励体系有效地结合起来，形成了公司高效的共振体系，为战略实现提供了人力资源保障。

其次，新三板挂牌为企业提供了一次很好的品牌推广机会。作为广东省首批挂牌企业，我公司得到了省、市及园区各主管单位的特别关注，同时上下游合作伙伴也对公司有了进一步的了解。在不断内外兼修的过程中，企业资源获取能力也得到了相应的提升，这对我们更好地整合资源，合理有效地利用资源提供了非常大的空间。企业挂牌成为公众公司，挂牌前的规范治理及挂牌后的信息披露让企业品牌更值得信赖。银行授信及供应商考评不再像从前那么繁琐，例如，上游铜材供应商是我们非常关键的资源，好的供应商不仅提供好品质的产品、优惠的账期，更能成为我们公司的战略合作伙伴。在未挂牌之前，这类资源寻找是非常困难的，目前我们已经拥有了这样的战略伙伴。

第三，新三板挂牌规范了公司的治理，为企业转板上市排除了治理上的法律风险。上市应该说是每个想追求卓越的企业的必要步骤，如果不是新三板挂牌，那我们企业目前还处于规划阶段。新三板挂牌成为公众公司，虽然在很多方面的要求不像交易所上市要求那么严格，但在公司治理方面却是一点也不含糊的。在治理过程中为实现公司最佳经营业绩，我们不仅对公司成长过程中一些模糊问题进行了重新梳理，而且对所有权与经营权基于信托责任而形成相互制衡关系的结构性制度进行了安排。成立了公司最高的权力和决策机构——股东大会，设置了董事会、监事会以及高管团队，分别履行公司战略决策职能、纪律监督职能和经营管理职能，在遵照职权相互制衡的前提下，客观、公正、专业地开展公司治理，对股东大会负责，以维护和争取公司实现最佳的经营业绩。合理的治理结构及团队工作方法有效地提高了企业的抗风险能力。

第四，新三板挂牌带给企业最大的好处当然还是为企业最优化资本结构规划提供了更多的渠道和实现的可能。我们都知道广义的资本结构是指企业全部资本价值的构成及其比例关系。狭义的资本结构是指企业各种长期资本价值的构成及其比例关系，尤其是指长期的股权资本与债务资本的构成及其比例关系。作为公司九大规划之一，资本金规划一直是公司致力打造的方面，原本的工作仅限于债务资本方面，成为公众公司后，公司有更多的机会接触到机构投资者，通过定向增资或发行优先股的方式进行股权融资，股权资本、债务资本及其他成本成为资本结构规划综合考量的因素，通过企业在不同时期不同资本的最优配比实现企业价值最大化，是我们未来的重点工作。

2014 年 1 月 24 日，对于奥美格公司来说是个大日子，敲钟挂牌的那一刻，即是对公司团队过去两年新三板挂牌工作的完美总结，也预示着公司崭新的起点。对于我本人，作为奥美格这艘企业大船的舵手，能够带领着企业走上资本市场的舞台，我由衷感到骄傲和满足！新征程上，我们会智慧地使用金融工具，广聚人才，开拓市场，用实力创造企业价值，用收益回报投资者。

资本

新三板

Capital

讲　座

场外交易市场建设的国际经验

◎朱明方　张承惠　田辉

一、部分国家和地区场外交易市场的发展情况

1. 美国场外交易市场概况

美国统一的场外交易市场始于国家报价局 NQB 运作的粉红单市场，1971 年 NASDAQ 成立后，逐步形成了多层次的场外交易市场体系。该体系从高到低依次为 NASDAQ 市场、电子公告板市场（OTCBB）、粉红单市场、第三和第四市场以及地方性场外交易市场。图 1 给出了美国场外交易市场的结构与层次。其中，NASDAQ 市场、OTCBB 市场和粉红单市场是三个不同层次相对独立的报价系统，它们构成了美国场外交易市场的主体。

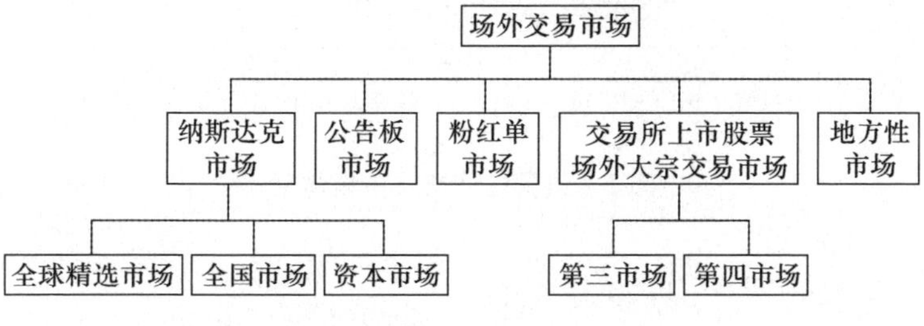

图 1　美国场外交易市场体系

2. 英国场外交易市场概况

(1) 伦敦交易所框架内的 AIM 市场

英国的场外交易市场主要指伦敦证券交易所下属的另类投资市场(Alternative Investment Market，AIM)。英国 AIM 市场定位于为所有具有成长性的企业服务，现已成为全球瞩目的中小型企业上市地之一。伦敦证交所运作着四个独立的交易市场（见表 1)：主板市场、另类投资市场(AIM)、专业证券市场（PSM）和专业基金市场（SFM)。

表 1　伦敦证券交易所市场结构

市　场	职能定位
主板市场（MM)	为规模较大资质较高的企业所设立的旗舰市场
另类投资市场（AIM)	专为高增长的中小企业发展所设立的市场
专业证券市场（PSM)	为上市债权与信托提供交易的规范市场
专业基金市场（SFM)	为专业基金发行商所设计的特殊市场

(2) 独立运作的 OFEX 市场

Off-Exchange（OFEX）市场，现在也常常被称为 Plus Market，是由在伦敦证券交易所承担做市商职能的一家家族公司 JP Jenkins 创立于 1995 年 10 月，其目的是为那些未进入伦敦证券交易所主板市场或 AIM 挂牌交易的公司股票建立一个可出售其股票、募集资金的市场。

OFEX 与 AIM 非常类似，都是为中小型高成长企业进行股权融资服务的市场，但 OFEX 的市场准入门槛更低、层次更初级。

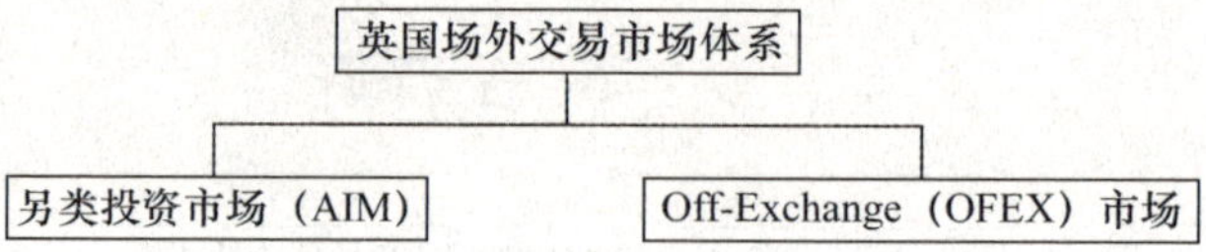

图 2　英国场外交易市场体系

3. 日本场外交易市场概况

日本场外交易市场是日本股市的二板市场，其中以 JASDAQ 市场为典型代表，也称为店头市场、柜台交易市场，同时它也是风险性企业（Venture Business）筹资的最大市场。

1983 年开始，日本大力推动场外市场发展，为没有达到上市标准的公司创立一个交易场所。于 1990 年 8 月建立日本证券交易自动报价系统（JASDAQ），并引入场外市场。1998 年，日本提升了 JASDAQ 的地位，并与 2004 年核准 JASDAQ 成为正式的交易所。目前，从上市公司数量、市值、交易额三个指标看，JASDAQ 已发展成为日本最大的中小企业市场。

1997 年日本进行金融大改革，废除了证券交易集中在交易所的规定，认可上市企业的场外交易，明确规定了场外交易制度与证券交易所上市制度平行，场外市场的法律地位和功能被强化。同年 7 月绿单市场（Green Sheets Market）规划成立，专为小规模公司以及退市公司提供挂牌转让、小额快速融资的平台。

绿单市场内部又分为四个层次：新兴部、普通部、投资信托/特殊目的公司部和退市公司部。其中，新兴部挂牌公司主要为风险投资公司及有成长潜力的公司，普通部挂牌公司则为一般公司。不同层次的市场对挂牌公司的信息披露等要求也有区别。

日本场外交易市场在日本资本市场中占有重要地位。日本场外交易市场以吸引中小公司挂牌为主。有些被交易所摘牌的公司也进入 OTC 市场交易，这部分股票被称为“调查中的股票”。日本 JASDAQ 市场按照美国 NASDAQ 的发展模式运作，是日本风险投资企业最大的融资场所。虽然 JASDAQ 市场在规模上不及集中交易市场，但在近十几年中发展迅速，已成长为日本证券市场体系中最具活力的部门。

4. 中国台湾地区场外交易市场概况

一个完整的证券市场体系，应是集中市场与柜台买卖市场相辅相成。目前中国台湾的证券市场可大致划分为四个层次（见图 3）。第一层次是公司制的中国台湾证券交易所集中交易市场，采取典型的竞价制度和电子交易，不允许场外交易；第二层次是财团法人制的证券柜台买卖中心市场，以竞价制度为主做市商制度为辅；第三层次是兴柜市场，由柜台买卖中心代管，交易采用经纪或自营的议价成交方式；最后一个层次是盘商市场，这是非公开的私人股权交易市场，以盘商为中介进行。

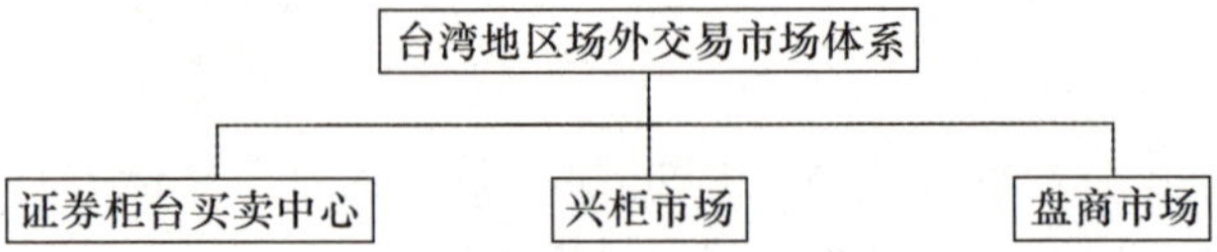

图3　中国台湾场外交易市场体系

目前，中国台湾合法的场外交易市场主要有两种形式——柜台买卖中心和兴柜股票市场。

第一层次是财团法人制的中国台湾证券柜台买卖中心市场，是中国台湾柜台市场体系的高级形态，服务于规模较小的成长型企业。截至2009年底，股票已上柜公司家数为546家，此外还有公债、金融债、公司债等多种债券以及可转债、认股权证、衍生产品等交易品种。

中国台湾场外交易市场的第二层次是兴柜股票市场，是柜台市场体系的低级形态，由柜台买卖中心代管。为公开发行但未上市的公司提供交易场所，是上市或上柜的预备交易场所。兴柜股票市场属于新开发的股票市场，设置的主要目的是取代以“盘商”（专门从事未上市股票交易经纪业务的无营业执照的证券商）中介为主的未上市股票交易，将未上市上柜股票纳入制度化管理，为投资者提供一个合法、安全、透明的交易市场。2002年设立的兴柜股票市场虽然历史很短，但由于它适应了民间资本和中小企业的投、融资需要，且政府制订了专项扶持政策（如新申请上市、上柜的股票都必须先在兴柜股票市场过渡一段时期），故也呈现出良好的发展势头，从2002~2012年7月末，兴柜市场累计挂牌1200家，累计兴柜转上柜529家，累计转上市153家。

另外，中国台湾还有一个地下的盘商市场。在兴柜市场成立之前就长期存在，交易是通过盘商为中介进行的，因此也称盘商交易。所谓盘商，是指那些专门从事未上市股票交易经纪业务的机构，由于其获得监管当局的正式许可，这类交易在法律上属于灰色地带，对这类交易长期以来既无监管也无统计。尽管兴柜市场发展之后，盘商市场有所萎缩，但并未禁绝，仍然以各种形式继续存在。盘商市场尽管不是一个合法的、受到监管的市场，但由于中国台湾的股份公司达到15万多家，客观上存在着大量的股票流通需求，因此盘商市场的基数相当大。有人通过互联网检索，发现至少有1万种由盘商买卖的股票，可见该市场远远超过了柜台市场的规模。尽管流动性偏低，但确实满足了部分中小企业的融资需要。

5. 新加坡场外交易市场概况

新加坡自动报价与交易系统——自动报价板股市（Stock Exchange of Singapore Dealing and Automated Quotation System，SESDAQ），1987年2月18日新加坡自动报价与交易系统开始运行，采用电脑无票交易方式。新加坡自动报价市场的建立，目的在于使那些具有良好发展前景的新加坡中小型公司能筹集资金支持其业务的扩展。上市标准较为宽松和灵活，没有具体的公司规模要求，进入成本和年度上市费用也较低。

自动报价系统的成立宗旨是要提供具有发展潜力的中小型企业到资本市场募集资金的一个渠道，且上市的条件较为宽松，主要着重于公司的发展前景。自动报价板成立之初，只开放给新加坡注册公司申请上市。自1997年3月起，新交所进一步将它放给外国公司。所以，现在不论是新加坡本地公司或外国公司都可以申请在主板上市，或在自动报价市场挂牌。在SESDAQ系统上市企业，如果上市后业务扩展，各方面达到主板市场要求，可以申请转为主板上市。1988年3月，自动报价市场与美国的NASDAQ市场联网，使新加坡投资者可以买卖美国场外交易市场的上市股票。

6. 印度的场外交易市场概况

根据区域划分和覆盖的上市公司类型来看，印度证券市场分为全国市场和区域市场两个层次：孟买证交所、国家证交所是全国性市场，两者都位于孟买；21个区域证交所分别在各邦或直辖区（印度有28个邦和

7个中央直辖区）。1956年，印度颁布了证券交易管理法，整顿和监管各地股票交易所，这两个层次都是股票公开发行和集中交易的市场。所以，从严格意义上来讲，印度并没有柜台交易体系，也没有针对股票私募发行的制度和监管。但印度的区域证券市场为中小企业的权益资本融资发挥过很大作用，类似于其他国家场外交易市场的功能。班加罗尔证券交易所成立于1963年，在区域证券交易所中，按时间排序是第八家。OTC证交所成立于1989年，位于印度的金融中心孟买。财政部为区域证交所统一规定了上市的资本门槛：3000万卢比（约合人民币600万元）；而孟买证交所和国家证交所的上市门槛是一亿卢比（约合人民币2000万元），这使得区域市场和全国市场出现了明显的层次划分。在相当宽松的市场环境这样一个制度背景下，以券商为主的市场组织模式逐步形成。同其他市场经济国家一样，印度从来没有出现过政府的券商。

印度有23家证券交易所，除了（1993年）最后成立的国家证交所外，其他22个证交所都是市场自发生成的，它们有着大同小异的诞生经历：当地的股票经纪人经常聚在一起交易，日久成市，继而产生了股票和经纪人协会，随后是证交所应运而生，并根据1956年《证券合同监管法》受到确认。其中，孟买证交所由于无可比拟的先发优势，由于位处印度最大的工商业中心，也由于在制度和技术两方面能够不断推陈出新，因而成就了其全国性市场的定位；另外21个证交所或由于成立过晚，或由于其他种种条件约束，只能屈居为区域性市场。“全国性”抑或“区域性”不是政府做出的选择，是市场发展的自然结果。

二、国际比较

1. 监管模式

发达地区场外交易市场监管框架的构建结合了本地区场外交易市场发展的具体情况和行政体系的特点，监管模式呈现多元化趋势。

（1）美国——政府统一指导下的多层次自律监管

美国场外交易市场的监管模式是政府统一指导下的多层次自律监管，即各层次的场外交易市场在 SEC 的监督指导下进行自律监管。美国的这一监管模式一方面可以保证场外交易市场与全国证券市场的协调发展，不会偏离保护投资者利益的目标；另一方面，该模式允许证券商参与制定证券市场监管规则，从而使市场监管更切合实际，对违规行为能较迅速地做出反应，更符合场外交易的特点。

对场外交易市场的监管手段，大体可分为三类：事前的准入控制、事中的过程控制以及事后的惩戒控制。事前的准入控制，主要指报告 NASDAQ 市场明确的上市标准以及对在任何场外交易市场报价的做市商资格的审查。事中的过程控制主要针对 NASDAQ 市场，既包括对交易过程和行为的监管，也包括对上市公司、做市商等的信息披露的要求；对 OTCBB 市场也有一些信息披露要求。事后的惩戒控制，主要指强制不符合要求的公司或证券要从特定市场退出，比如，1999 年《OTCBB 监管规则》通过后，就有 3000 多支证券退回到粉红单市场。

美国场外交易市场监管的最大特点在于具备完整的多层次体系，每一层次都有与之相适应的监管制度和监管标准。美国多层次场外交易市场从高到低分别由 NASDAQ、OTCBB、粉红单市场、第三市场和第四市场构成。

美国多层次场外交易市场体系，能够为不同性质、不同发展阶段的企业提供多元化的融资。同时，有梯度差异的监管标准也符合各个市场参与者的不同特点和要求。

（2）英国——原则导向型监管和终身保荐人制度

英国场外市场呈现出两个显著的特点，即原则导向型监管和独特的终身保荐人制度。

原则导向型的理念体现为两个方面，一是监管者在监管过程中对原则的追求多于对详细规则的依赖；二是监管者关注客户、机构和市场结果多于对机构运营过程的重视。原则导向型监管实践中具体表现为 AIM 管理委员拥有重大的监管权力。伦敦证券交易所设有专门的管理委员会，该委员会统筹 AIM 市场的发展和监管，其下设立 AIM 监管部门而无须直接向伦敦证券交易所董事会汇报。

而 AIM 市场又附属于伦敦证券交易所，伦敦证券交易所也负责对其监管。而伦敦证券交易所则把对 AIM 上市公司的监管交给了保荐人，采取“终身保荐人”制度。终身保荐人制度是指上市企业在上市前和上市后的任何时候都必须聘请一名符合法定资格的公司作为其保荐人，而只有在保荐人名册列明的保荐人方可成为指定保荐人。目前 AIM 共有 85 名保荐人，由英国金融监管局（FSA）审批，由伦敦证券交易所（LSE）监管。保荐人的职责就是保证 AIM 上市公司遵守 AIM 的 40 个规则，而 AIM 的职责就是定期对保荐人进行稽查，确保其履行职责。

必须强调的是，英国场外交易市场监管的重点放在保荐人身上，对保荐人的监管非常严格。由于公司的评价完全信赖发行人所任命的保荐人的保荐意见，因此一旦认定保荐人违犯了相关职责，或者保荐人的行为或判断致使市场的诚信或声誉受损，那么保荐人将会受到严厉的惩处，包括公开谴责，甚至从登记名册中除名。由此可见，通过终身保荐人制度，使对公司的监管转变为对保荐人的监管，整个监管架构变得简约而透明。

由于英国拥有良好的社会诚信状况，保荐人制度也运作多年，保荐人的整体素质较高，声誉体系也已经建立，终身保荐人这一监管方式，运作良好，将促进中小企业上市与最大限度保护投资者利益很好地统一起来。

英国原则导向型监管和终身保荐人制度具有明显的优势。与规则导向型监管相比，原则导向型监管更具有弹性，能够吸引更多的上市资源，保证市场的活力。也正是因为“原则”并非“硬约束”，因此庞大的官方监管机构并不适合，而需要将监管职能交给专业性强、职业操守水平高的金融中介机构。这类保荐机构与企业的联系更为紧密，有能力作出更加准确的判断。同时，保荐人也会为维护自身的信誉和行业地位而更加恪尽职守。

（3）中国台湾——政府集中监管

中国台湾场外交易市场监管强调建立统一的监管体系，属于政府监管模式。2000 年以来，中国台湾地区政府逐步对“财政部”下属的金融局、保险司、证期会，“中央银行”下属的金融业务检查局以及“中央存款保险公司”下属的检查处等机构进行整合，2004 年 7 月正式成立了直属“行政院”的“金融监督管理委员会”，场外交易市场的监管也被纳入其中。

对柜台买卖中心和兴柜股票市场的具体监管制度方面，中国台湾模式与美国模式存在显著差异。较低层次的兴柜股票市场的信息披露等制度比柜台买卖中心更为严格。

（4）印度——良好的监管体系

印度证券交易委员会（SEBI）成立于 1988 年，成立时尚不具有法律地位，至 1992 年国会通过“证券交易委员会法案”后，才成为一个法定团体。印度的证交委不是政府机构，虽则它的主席也由政府任命。

除了国交所外，其他 22 个证交所的设立时间都比证交委早，也就是说当时它们既未经任何行政或法定机构审批，也未受政府监管。由此可以看出，英国式的法制和行业自律机制在印度是有深厚基础的。

SEBI 三大目标是：保护投资者，促进资本市场发展，对资本市场进行监管。权力的来源是几个相关法律。保护投资者的主要举措，一是进行教育培训：一方面与高校合作，提高学生的财务知识；另一方面对超过 32 万人进行了考评和在线认证工作，其中 60% 的人通过了考评。不通过考评、认证不能成为从业者。证交委正计划建立国家学院对券商、从业人员、上市公司进行培训。二是建立了投资者协会，这是证交委与投资者协商沟通的组织。三是对于上市公司的申诉有内部纠正机制，处理结果在网站公布。四是设立了投资者保护基金，可以给（因上市公司或券商违规）蒙受损失的投资者以最低限度的补偿。投资者保护基金的来源，包括证交所出资、政府出资、证交委出资，对违规主体的罚款由政府再返回一部分，还有一些企业的捐赠。

2. 交易组织形式

从世界各国资本市场发展的实践看，包括场外交易市场在内的资本市场组织，一般采取两种基本形式：会员制和公司制。从资本市场组织形式的发展和演变趋势来考察，不仅越来越多的新兴资本市场组织采取公司制的组织形式，而且许多原来采用会员制形式的资本市场组织，也在寻求变革，向公司制组织形式转变。究其原因，资本市场发展的实践证明，公司制比会员制更有利于资本市场的活跃和发展。

（1）各国场外交易机构公司化改革

在20世纪90年代之前，全球的证券交易机构几乎都是会员制形式，这种组织模式保持了200多年。1993年瑞典的斯德哥尔摩股票交易所第一个实行股份制改革，并将其母公司OM的股票在斯德哥尔摩交易所上市，开创了证券交易所公司化的先河。在此之后，其他国家纷纷效仿，证券机构的公司化改革和上市形成潮流。2000年，中国香港交易及结算有限公司、伦敦证交所实现组织改制。2001年，德国法兰克福证交所实现改制。在2005~2006年度，印度证交委批复了19家证交所的公司化和非互利化改组计划，成立了专职委员会负责审核区域证交所非互利化改组后的走势。短短十余年间，证券交易机构的公司化浪潮迅速席卷了全球主要发达国家和地区，场外交易机构也紧随其后，纷纷实行公司化改革。其中，美国、英国、日本、中国台湾等地的场外交易市场均进行了公司化改革。

①美国场外交易市场的公司制改革。美国纳斯达克（NASDAQ）是1968年美国证券商协会为解决场外交易的分割问题而创建的自动报价系统，1971年，该交易系统正式启动。2000年以前，纳斯达克市场一直是NASD的全资子公司。2000年4月，NASD会员投票通过了对NASDAQ市场重组的建议，计划通过减持，将NASD的持股比例降为20%，建立公司制组织模式。2001年3月15日，NASDAQ向SEC提交申请表，申请注册为全国性交易所，标志着NASDAQ启动了私有化进程。经过几轮的反馈和重新修正，2006年1月13日，SEC批准纳斯达克股票市场有限责任公司（NASDAQ Stock Market LLC）注册为全国性证券交易所。纳斯达克交易所与NASD分离，NASD不再拥有对NASDAQ的控制权。2005年2月，纳斯达克在自己的市场上挂牌交易。2007年5月，纳斯达克以37亿

美元收购北欧证券市场 OMX 公司，联合组建一个跨大西洋的交易平台。新公司命名为纳斯达克 OMX 集团，总市值高达 71 亿美元，其中纳斯达克拥有 72% 的股权，OMX 公司股东拥有 28% 的股权。

②英国 AIM 的公司制改革。作为世界三大证券交易中心之一，伦敦证券交易所是世界上历史最悠久的证券交易所。在 20 世纪之前，英国伦敦证券交易所的组织形式为会员制，其领导机构为由会员选举产生的理事会，理事会负责经营管理、吸收新成员、指定交易规则、决定手续费比率及仲裁有关纠纷，并监督交易所的业务和阻止投机活动。2000 年，伦敦证券交易所经股东投票决定转变为一个股份有限公司，其股东多为交易所成员，每一股东拥有的股票不得超过 200 股，并于 2001 年 7 月在自己的主板上市交易。

为了扶持中小企业与初创企业的发展，伦敦股票交易所于 1995 年成立了另类投资市场 AIM。AIM 市场是继美国纳斯达克市场之后在欧洲成立的第一家现代场外交易市场，也称为二板市场。AIM 市场以其相对宽松的准入标准和收购条件以及优惠的税务政策，为中小公司的发展提供相对灵活的监管环境，被业内人士认为是比纳斯达克更有包容度和更适合中小企业的市场，已经在欧洲市场占据主导地位。

由于 AIM 是附属于英国伦敦证券交易所的子板块市场，因此在 2000 年也随伦敦证券交易所一起转为公司制体制。

③中国台湾地区场外交易市场的公司制改革。根据中国台湾《证券交易所法》第五章的规定，证券交易所组织可以分为会员制和公司制，其组织模式由主管机关斟酌当地情况报请“财政部”审定。实行会员制的证券交易所其会员以证券自营商及证券经纪商为限，会员应依据章程的规定出资，责任也以出资额为限。关于证券交易所的公司治理结构，该法规定交易所至少应设置董事三人，监事一人，由会员选任董事应组织董事会，由董事过半数同意在非会员董事中选任一人为董事长。

早期的中国台湾柜买中心为会员制。1994 年，为活跃中国台湾的场外交易市场，台湾证管会决定将柜台买卖中心进行改制，成立财团法人性质的“中国台湾证券柜台买卖中心”，使其成为一个独立的非盈利性组织，在组织形态上也转变为市场化管理。

（2）场外交易组织形式发展趋势

从历史的角度看，最初的资本市场组织大多采取会员制的组织形式，但最近十多年来，由于信息技术的发展及交易所之间的竞争日益激烈和白热化，传统的会员制组织形式失去竞争优势，并导致了资本市场组织形式向公司制转变的明显趋势。公司制不但增强了交易机构的筹资能力，而且打破了会员对交易的垄断权，使符合资格的证券商都能拥有交易权，促进了竞争，从而有效地提高了服务质量、降低了佣金率；对证券商和市场投资者及交易活动进行监督和管理，更显效率和公平；同时，以盈利为目的的公司制交易机构也会积极地进行设备更新和产品创新。

然而，全球范围的交易机构公司制改革在为其确立竞争优势的同时，也面临着一系列的问题，其中商业利益与公众利益的冲突是最为突出的问题。虽然同是采取公司制的治理结构，但是证券交易机构不同于一般的商业公司，而是具有一定公共属性的机构。交易机构的治理组织应当注重对利益相关者的保护，尤其是对会员之外的投资大众的保护。

3. 上市门槛

从表2可以看出，OTCBB、Off-Exchange、印度OTC市场在公司上市门槛方面没有限制或基本没有限制；印度OTC市场和新加坡SESDAQ对企业有一定的限制，但要求较低；而KOSDAQ、中国台湾证券柜台买卖中心和JASDAQ在公司上市门槛方面设置了相对严格的标准。一方面，这表明各个场外交易市场对其挂牌公司没有一致的规定，其为挂牌企业设置的门槛具体高低有赖于其自身在整个场外交易市场中的层级和功能定位，同时也会受到本国或本地区具体经济和企业发展状况的影响；另一方面，虽然有些场外交易市场为其挂牌公司设置了相对较高的门槛限制，但这些标准与当地场内市场（交易所市场）相比而言，却要低很多。

表 2 公司上市门槛特征指标

	公司上市门槛
OTCBB	基本上对公司的净资产、利润没有要求；只需定期向 SEC 和其他监管机构报送相关资料信息即可
GTSM	最低市值：一般类公司 1 亿元新台币；创新成长型公司 5000 万元新台币。获利能力：个别及依财务会计准则公报第七号规定编制之合并财务报表之决算营业利益及税前纯益占实收资本额之比率最近 1 年度达 4% 以上，且其最近 1 会计年度决算无累积亏损者，最近 2 年度均达 2% 以上者，最近 2 年度平均达 2% 以上，且最近 1 年度之获利能力较前一年度为佳者；前述合并财务报表之获利能力不予考虑少数股权纯（损）益对其影响；但前者决算营业利益及税前净利润，于最近一会计年度不得低于新台币 400 万元。设立年限：依《公司法》设立登记满 2 个完整会计年度。股权分散限制：持有股份 1000 ~ 50000 股的记名股东人数不少于 300 人，且其所持股份总额合计占发行股份总额 10% 以上或逾 500 万股
Off-Exchange	没有最低上市标准，没有规模、经营年限以及公众持股量的要求
KOSDAQ	最低市值：新兴公司无限制；一般企业与外国公司，资本额 5 亿韩元以上；负债与股东权益比率不超过 100 % 或同类股票平均比率的 1.5 倍。获利能力：新兴公司无限制；一般企业与外国公司最近 1 个年度净利润为正值。设立年限：新兴企业无限制；一般企业与外国公司要求设立 3 年以上。股权分散限制：新兴事业要求公司股份总数 30% 以上或公司股份总数 10% 以上且不低于 100 万股应由 500 人以上之小股东所持有；一般企业与外国公司无限制
OTCEI	资本额达到 3000 万卢比（约合人民币 600 万元）的公司
JASDAQ	最低市值：登记股票，最近一营业年度年底净资产不少于 200 万日元；特则股票，净资产达 2 亿日元以上。获利能力：登记股票最近一营业年度每股税前盈余不少于 10 日元；特殊股票无要求。股权分散限制：登记股票流通在外发行股数少于 2000 万股者，股东人数不少于 200 人，大于 2000 万股者，股东人数不少于 400 人；特殊股票无限制
SESDAQ	要求公司有 3 年以上的经营记录，没有营业记录的公司必须证明其募集资金是用于项目或产品开发，该项目或产品必须已进行充分研发；公众持股数至少为 50 万股或 15% （以较高者为准）；上市计划并不强制要求包括盈利预测数字；公司股票必须至少有一个证券自营商经营

总之，通过对场外市场上市门槛这一特征比较分析，我们发现，市场融资主体的资质水平是界定市场类别的重要特征之一。同时，上述分析比较也表明，公司上市门槛的设定应结合各国和各地区自身的具体情况来确定。

4. 交易制度

迄今为止，各国证券市场中的交易制度总体上可分为协议交易制度、竞价交易制度和做市商制度。从资本市场发展的实践看，如果以市场价格发现的充分性、市场流动性和稳定性作为资本市场效率的基本指标的话，那么，在不同的市场条件下，各种交易制度也具有不同的效率优势。而做市商制度，不仅在理论上已经被证明，其具有与交易主体数量较少、信息对称程度较低、市场流动性较差的场外交易市场更强的适应性，而且其所具有的相对效率优势也为世界各国场外交易市场发展的实践所证明。

一般来讲，做市商交易模式包括传统型做市商交易模式（如图4）和混合型做市商交易模式（如图5）。

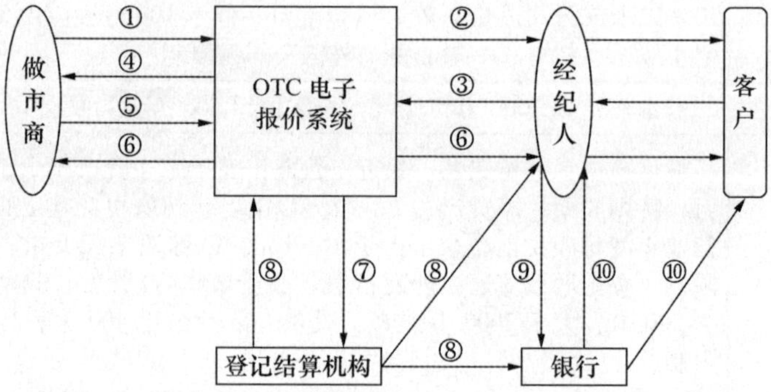

图4　传统型做市商交易模式流程图

注：①做市商双向报价；②报价信息传递；③投资者委托；④委托信息传递；⑤按照交易规则成交；⑥成交信息传递；⑦成交结果传递；⑧结算公司进行一级清算，并传递数据；⑨经纪人进行二级清算，并传递数据；⑩银行对数据进行核对、记账、交割。

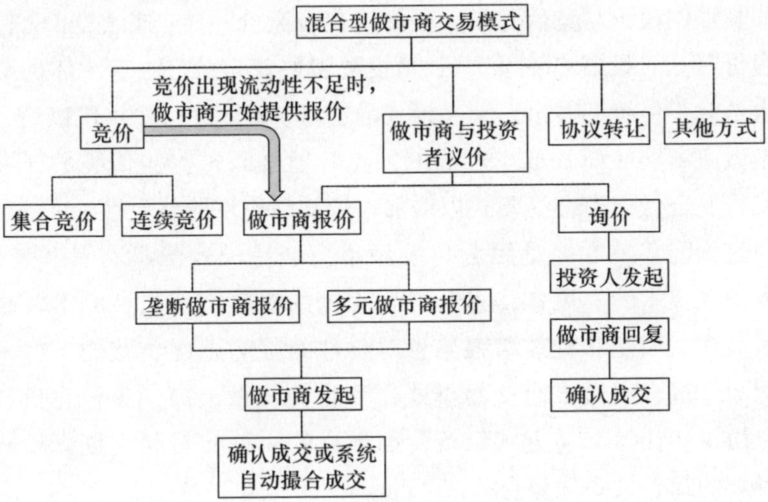

图 5　混合型做市商交易模式

传统做市商制度在经历了几个阶段的发展之后，已经成为一种较为成熟的交易制度，但是由于其自身存在的缺陷及市场发展的要求，推动其继续进行变革。同时，采用单一竞价交易制度①的场外市场，也面临着流动性不足、大宗交易不便捷等各种弊端。在此背景下，20 世纪 90 年代以后，混合型做市商制度②开始出现，并逐渐被各国场外交易市场普遍采用。

通过对 22 家场外交易市场③交易模式调查表明，我们发现有 11 家采用混合型做市商交易模式，占 50%；4 家为传统型做市商交易模式，占 18%；7 家为竞价交易模式，占 32%。

混合型做市商交易模式是竞价交易模式和传统型做市商交易模式的

① 竞价交易制度又委托驱动制度，其特征是：开市价格由集合竞价形成，随后交易系统对不断进入的投资者交易指令，按价格与时间优先原则排序，将买卖指令配对竞价成交。

② 混合型做市商制度，也称混合交易制度，是做市商制度和竞价交易制度的相结合。

③ 22 家场外交易市场为美国纳斯达克、欧洲易斯达克、法国新市场、加拿大风险交易所、马来西亚麦斯达克市场、德国新市场、阿姆斯特单新市场、香港创业板、韩国科斯达克、比利时新市场、伦敦另类投资市场、意大利新市场、瑞士新市场、挪威奥斯陆证交所、芬兰赫尔辛基证交所、瑞典斯德哥尔摩证交所、日本加斯达克、新加坡希斯达克、中国台湾兴柜市场、东京证交所新市场、日本大阪新市场、吉隆坡创业板市场。

融合。其强调议价与竞价并举，是集“集合竞价”①、“连续竞价”②、“做市商报价”③、“投资者询价”④、“投资者协议定价”⑤ 于一体的交易模式，也是对于传统型做市商交易模式的创新。20 世纪 90 年代以后，由于传统型做市商交易模式成本较高的缺点日益暴露，一些传统的证券市场开始实行混合做市商交易模式以增加市场交易价格的公允性。

究其原因，一方面是因为传统做市商交易模式虽具有其独特优势，但随着信息技术的发展和信息公开化程度的提高，其交易成本较高的劣势开始显现，而能够有效增强信息对称性的优势则逐步减弱；另一方面则是因为，混合型做市商交易模式作为将传统做市商、集合竞价、连续竞价、协议转让等交易方式结合，而形成的一种交易制度创新模式，具有一种新的综合效率优势。

5. 证券市场的转板制度

（1）美国证券市场的转板制度

美国交易所市场之间的转板制度。2006 年以前，纽约证券交易所是美国最高层次的一个市场，每年都有一些公司离开纳斯达克转板到纽交所。据统计，仅在 2001 ~2003 年，每年自纳斯达克转入纽交所的公司家数分别达到 32 家、43 家、20 家。2004 年，纽交所陷于场内专家违规与格拉索薪酬丑闻之中，转板势头逆转，当年无公司转板。2005 年也仅有 5 家公司转板。

当然，纽交所中的部分上市公司也有转到纳斯达克的，仅 2005 ~

---

① 集合竞价是指对一段时间内所接受的买卖申报一次性集中撮合的竞价方式。

② 连续竞价是指对买卖申报逐笔连续撮合的竞价方式。

③ 做市商报价是指由做市商发起，报价内容包括券种代码、价格、数量，并且是确定性报价，一旦投资人已该价格进行成交确认必须成交。

④ 询价是指由投资人发起的，向做市商询问一定的价格进行磋商成交，询价内容包括券种代码、价格、买卖方向、数量。但询价往往有限制，比如在规定时间内只能向有限的做市商进行询价，在询价过程中一旦出现任意一条询价指令失败，则询价被认定无效。例如上交所固定收益平台规定每次询价的全过程要求在 20 分钟完成，未及时达成交易的询价，针对该询价的所有恢复都被自动拒绝，且该询价本身备撤销。

⑤ 协议定价是指投资人通过协商后，双方按照约定的价格和数量成交。

2007年期间有8家公司自纽交所转到纳斯达克上市。据纳斯达克统计，截至2009年底，自纽交所转板到纳斯达克的公司总市值超过2000亿美元，其中包括芝加哥期货交易所、沃达丰、新闻集团、梦工厂等知名企业。这可能与2006年纳斯达克在证券交易委员会注册为全国性交易所后宣布成立的全球精选市场有关，因为这一市场板块的财务指标是全世界最高的。

美国的电子公告板柜台市场与纳斯达克、美国证券交易所之间实行非常明确的转板制度。首先，按照相关规定，OTCBB市场报价公司满足下列条件可申请升入NASDAQ：①净资产达到500万美元或年税后利润超过75万美元或市值达5000万美元；②流通股100万股；③最低股价为4美元；④股东超过300人；⑤有三个以上的做市商。此为“升板规则”。其次，纳斯达克小型市场上连续30日交易价格低于1美元，警告后3个月未能使股价升至1美元以上，则将其摘牌降低至OTCBB报价系统，在OTCBB摘牌的公司将退至粉红单市场（Pink Sheets）进行交易。此为“降板规则”。严格的转板制度和退市通过优胜劣汰的方式确保了各层次市场企业的质量。

表3　OTCBB转板到NASDAQ公司数量

年　份	2003	2004	2005	2006	2007	2008	2009
公司家数	43	39	60	47	75	45	47

数据来源：NASDAQ网站。

（2）日本的转板制度

绿单市场与交易所之间可以转板。绿单挂牌公司如符合交易所上市标准的，可以到交易所上市交易。据统计，2003年2月~2007年10月，共有9只绿单股票升板到交易所上市。

绿单市场内部的四个层次：新兴部、普通部、投资信托/特殊目的公司部、退市公司部也存在转板机制。其中，新兴部、普通部的挂牌公司转板较多。如果管理券商认为新兴部哪家挂牌公司不再符合板块要求，或其经营业绩未达到预期业绩的50%，则随时可向日本证券业协会申请转板到普通部。

当然，绿单市场的挂牌公司也可彻底摘牌。当管理券商不再愿意为挂牌证券提供报价服务，或者公司自身不愿挂牌时，可以向证券业协会申请自绿单市场摘牌。

在JASDAQ市场挂牌的两类上市公司股票，即标准型公司股票和成长型公司股票由于利润及净资产额有差别，两类股票之间可以转板。

（3）中国台湾和新加坡等新兴市场的转板制度

中国台湾证券市场的转板，主要包括柜台买卖中心交易的股票申请转向台交所上市，兴柜市场股票转往柜台买卖中心或者台交所两类情形。由于盘商市场未获监管当局认可，不存在转板问题。

①柜台买卖中心股票转向中国台湾证券交易所。2000年，台交所颁发《上柜公司转申请上市审查准则》，制定了专门的转板条件和审查程序。一段时间内，由柜台买卖市场申请移转至交易所上市的公司远比直接申请上市的公司要多。

2005年4月，《上柜公司转申请上市审查准则》废止。上柜公司转上市的条件与审核程序与一般企业上市基本趋同。但在审核程序的实践操作上，较之初次申请上市企业，转上市程序中台交所对于之前柜台中心审核过的内容将不再重复审查，因此程序较为简便，时间缩短。截至2012年7月末，上柜公司累计转上市304家。

②兴柜市场股票转往柜台买卖中心或台交所。由于兴柜市场是台交所和柜台买卖中心的预备市场，在兴柜交易的公司申请上市或上柜，必须按照交易所、柜台买卖中心的上市或上柜审核程序进行，无优惠政策措施。截至2012年7月末，中国台湾上柜挂牌股票623家①，兴柜挂牌股票271家。柜台买卖市场自1994年创办以来，累计上柜1075家，其中从上柜股票转为中国台湾证交所上市股票累计304家。兴柜市场自2002年开办以来，累计挂牌1200家，累计兴柜转上柜529家，累计转上市153家。

在新加坡SESDAQ上市的企业，如果上市后业务扩展，各方面达到

---

① 数据来源于中国台湾柜台买卖中心。

主板市场要求，可以申请转为主板上市。

6. 风险防范

场外交易市场风险大，各国在发展过程中都建立了一系列制度来规避风险。

（1）美国利用做市商制度来防范风险

在美国，较低层级的场外交易市场 OTCBB 市场和粉红单市场没有进入标准，只是在 1999 年《OTCBB 监管规则》通过后，所有在 OTCBB 上市的公司必须定期向 SEC 公布其财务季报和年报，凡是不能按要求提供报告的公司，将有一个月的警告期，警告期满尚不能提交者，需要从 OTCBB 市场退出。

由于低进入门槛，在 OTCBB 和粉红单市场报价的股票大多数是股价低于 5 美元的分值股票（Penny Stock）。导致 OTCBB 和粉红单市场都是一个风险较高的市场，主要包括：流动性风险；价格波动风险；市场透明度风险，指市场信息不完全所带来的风险；做市商合谋风险，指做市商合谋限制竞争带来的风险。

上述风险的存在，虽然可以通过严格的监管使各种风险尽可能降到最低，但监管本身是有成本的。比如，如果对粉红单市场的监管标准提高到现在 OTCBB 市场的标准，那么粉红单市场就不会存在下去。对 OTCBB 市场和粉红单市场的监管，实际上是要在促进分值股票流动性和市场风险之间寻找平衡。

目前，除了对 OTCBB 市场的监管增加了对上市公司财务方面的信息披露要求外，对 OTCBB 和粉红单两个市场的主要监管是由做市商来完成的。通过采用多元做市商制度并严格地监管做市商行为，避免做市商合谋的同时，利用做市商规范的行为促进低流动证券在两个市场的流通，同时通过监管做市商的报价和要求做市商在证券交易后 90 秒报告交易信息，尽可能降低价格波动风险和市场透明度风险。

（2）英国采用“终生保荐人”制度来防范风险

在防范市场风险方面，英国 AIM 市场的“终身保荐人”制度可以作为一个较成功的经验加以借鉴。AIM 上市公司必须始终聘请一家保荐人。保荐人通过指派保荐代表人对上市公司进行指导，使这些上市公司的行为能够符合 AIM 市场的各项规则制度，防范损害 AIM 市场声誉、稳定和完整的违规行为。一旦保荐人辞去某家 AIM 上市公司的保荐人，该上市公司的证券将被暂停交易；如果 1 个月内仍然无法聘请到保荐人，则被退市。这种制度的精髓就在于能够充分发挥保荐人在上市审核和上市公司监管中的积极作用，确保上市公司遵守上市规则，维护市场声誉，这也是 AIM 市场能有效防范风险、稳步前进的关键因素之一。

（3）中国台湾地区采用多种措施控制市场风险

中国台湾地区场外交易市场中的兴柜股票市场，是柜台市场体系的初级形态，其当初设置的主要目的是取代以“盘商”（专门从事未上市股票交易经纪业务的无营业执照的证券商）中介为主的未上市股票交易，因此奠定了兴柜股票市场几乎无门槛的进入标准。

由于兴柜股票的发行公司是处于成长期的高科技中小企业，经营的不确定性较高，因此中国台湾地区监管层对兴柜股票市场上的监管措施比柜台买卖中心更为严格。除了严格的信息披露要求外，还要求做市商双向报价、履行成交义务，并对违规做市行为进行监管。按照规定，推荐证券商在每个营业日开始交易以前，必须为其推荐股票进行双向报价，买进卖出申报数量不得少于两个交易单位，最低买入价和最高卖出价差距不得超过 7%，在交易时间内的连续报价阶段，最低买入价和最高卖出价差距不得超过卖出价的 15%，一旦报价差距超出规定的范围，电脑议价点选系统将提示警讯信号，要求推荐证券商重新报价。

此外，中国台湾场外交易市场还有比较完善的退市制度。无论对上市公司还是券商而言，程式化的退市制度都是最有效的行为约束。中国台湾证券柜台买卖中心在设立之初就建立了退市制度，上柜公司和兴柜公司累计退市的占比分别达到 13.8% 和 20.6%[①]。

---

① 兴柜市场因挂牌门槛低，企业素质较差，退市率明显高于柜台市场。

三、国外场外交易市场发展的经验

1. 场外交易市场是资本市场的重要组成部分，对促进经济发展起到了重要作用

各个国家的场外交易市场无统一的发展模式，一个国家或地区选择何种模式通常是由其历史、社会、经济、文化等因素综合决定的。尽管对场外交易市场的内涵和外延尚无统一的定论，但都达成共识，即场外交易市场，是多层次资本市场体系中一个重要的组成部分，其在完善资本市场功能方面起着关键性的作用，使资本市场体系更具弹性和活力，对一国经济发展起着巨大的推动作用。一个成熟的证券市场应该包括场内和场外交易市场，以使其满足不同证券的流通要求和不同企业的融资要求。正因为如此，一些主要国家纷纷设立股票场外市场，对促进本国经济发展发挥了重要作用。

以美国为例，目前美国证券市场上的证券种类约为5.5万种。其中，约4000多种在各证券交易所上市，其余的均在场外交易市场交易，场外交易市场的证券交易数量约占全美证券交易量的75%。实践证明，美国完善、多层次的场外交易市场体系能够为不同规模、不同需求的企业提供便利的产权交易和融资，从而推动美国企业抓住发展机会，提升企业的市场竞争力。显而易见，场外交易市场在美国多层次证券市场体系中不可或缺。

美国成熟完善的资本市场体系对经济增长起到了积极的促进作用，而NASDAQ又在三大证券市场（NYSE、NASDAQ、AMEX）中占有举足轻重的位置。1995年以来，除2006年外，NASDAQ股票年交易量在三大证券市场总量中所占比重都高于40%，部分年份甚至超出50%。从证券市场发展为企业提供融资从而促进带动实体经济发展的角度来考虑，美

国证券市场尤其是场外交易市场高度支持了美国的经济增长。

2. 完善的法律法规是场外交易市场健康发展的前提

国际成熟证券市场发展经验表明，场外交易市场的健康发展和有效监管必须建立在有法可依的基础上。而肯定场外交易市场的合法地位，是促进场外交易市场快速健康发展的前提。国际上主要发达国家和地区都对场外交易市场做出了明确的法律规范。美国于1938年对《1934年证券交易法》进行首次修正，美国国会还通过了《玛隆尼法》（Maloney Act），使原来只适用于证券交易所的《证券交易法》的管辖范围延伸到OTC市场，对场外交易证券的登记注册、经纪人和买卖商的资格和行为规范、交易证券等问题都做出了具体规定。

日本早在1963年就设立了OTC店头市场，但发展缓慢，1964~1983年只有35家企业上市，直到1983年着手进行了完善法律规范等一系列改革之后，店头市场才有了转机。1998年12月，店头市场正式改名为JASDAQ，并对《证券交易法》做出修改，进一步强化JASDAQ的法律地位，将其明确定位为《证券交易法》规范下的店头市场，即与集中交易市场平行的并与其竞争的独立市场。由此可见，法律规范不仅赋予场外交易市场合法地位，也进一步规范和促进了场外交易市场的发展。

制度先行是中国台湾场外交易市场发展与创新的一条重要经验。为了充分适应场外交易市场管理的具体要求，中国台湾地区政府先后制订了约60部相关的法律法规，而且对每一部法规都进行过多次修订，为当地政府依法治市奠定了基础。同时加以建立了统一的监管体系，集中统一对场外交易市场进行监管，大大减少了监管漏洞和各层次资本市场之间的摩擦，使中国台湾整个资本市场的运行和监管效率明显提高。

从世界各国（地区）的做法来看，场内和场外交易市场都是证券市场必不可少的组成部分，《证券法》将场内、场外交易市场纳入其调整范围是顺理成章的事。

3. 场外交易市场的入市门槛远较场内市场低，需要加强风险控制

场外交易市场本身就是为达不到上市条件的企业而设，因此各国场外市场的入市门槛很低甚至基本没有门槛，通常程序也比较简便，周期较短。为控制市场风险，特别设计出不是依靠信息披露（场内市场风险控制的支柱是信息披露），而是将企业辅导、行为规范、风险控制的工作交给做市商承担。英国甚至要求保荐人一旦推荐股票挂牌，就对该股票负有终生责任。做市商不仅在挂牌之初有认购股份义务（且不得与挂牌公司或其关联人私下约定将其所认购的股份在未来由公司或其关联人等买回），而且有连续报价和应买应卖义务。在做市商报价后，如有投资者的委托落在其报价范围内，做市商必须成交。

此外，有些国家对投资者也有一定门槛要求。例如参与美国 PORTAL 市场的投资者必须拥有超过 1 亿美元的资产，且股东数不能超过 499 个；英国 PLUS 私人配售市场的投资者不能超过 100 人等。这种合格投资人的制度设计，也是为了将没有能力识别和承担风险的中小投资者排除在高风险市场之外，从而起到保护中小投资人的作用。

从中国内地的情况看，早期场外交易市场的建设过程中对于风险控制把握不够，导致当时市场建设中发生了许多波折，使社会各界对场外交易市场产生了畏惧情绪，这也是我国场外交易市场到目前发展比较滞后的原因之一。各国（地区）的发展经验表明，不能用场内市场的建设方法来建设场外市场，不能把场内市场的相关制度照搬到场外市场，显然适合于优质大企业的交易所市场制度是无法适应以中小企业为主的场外市场的。必须针对场外市场的交易特点，进行一系列制度创新。

4. 场外市场的发展与政府引导密切相关

从各国（地区）的证券场外交市场的发展路径来看，证券场外交易市场的发展与政府力量的引导密切相关。即使在高度市场化的美国，其场外市场的发展也不是完全的市场自发演变而来，政府在适当时候也进

行了一定的介入和引导，主要表现为国会通过低价股修正法，即《1990年芬尼股票改革法》，授权证券交易委员会建立统一的电子场外市场，而证券交易委员会责成全美证券商协会建立了电子公告板柜台市场（OTCBB）；日本政府则通过发布大量有利于OTC市场的法规和措施，来推动这一市场发展；我国台湾地区证券市场则是典型的政府推动。

5. 场外交易市场与交易所市场应建立有机联系，形成互相融合的关系

从美国场外交易市场与以NYSE为代表的主板市场的关系来看，经历了一个从替代到互补再到融合的动态演变过程。在NASDAQ形成前，证券市场的发展是为了尽可能地将符合条件的企业吸引到主板上市，从而以主板市场的发展替代其他市场。NASDAQ成立后，作为创业板市场，相对主板市场成为二板市场，与主板市场形成了互补关系，为达不到主板市场上市条件的企业提供上市和融资的平台。NASDAQ市场本身由于其先进的交易方式和竞争力，其发展速度超过了主板市场。

随着NASDAQ的快速发展，场外交易市场与主板市场的关系渐渐已不再仅仅是一种补充，而是在互动中走向了融合。1990年NASDAQ的管理者成立了OTCBB，是创业板的一部分。而NASDAQ则与主板市场的界限逐渐模糊，无论从上市公司的数量、规模，还是市场的年交易量和市值总额，NASDAQ都是NYSE强有力的竞争者，其竞争力已越来越超越其作为创业板的发展空间。2001年3月，NASDAQ开始申请成为全国性交易所，并于2006年1月获得SEC的批准，这标志着NASDAQ最终融入主板市场。

AIM市场与英国的主板市场之间是一种从低级到高级的提升关系。AIM市场是一个在现有证券交易所内设立的独立的为中小企业服务的交易市场，其特点是上市标准低。具体表现在，上市公司除须有健全的会计制度及会计、法律、券商顾问和经纪人保荐外，并无其他限制性标准，而企业如果在加入AIM市场的两年后没有出现问题，那么就可以申请在伦敦股票交易所进行挂牌。

中国台湾场外交易市场与证交所市场实际上是一个整体，不同市场之间分工明确，相互连通。中国台湾法律设有强制登陆要求，除公营事业以外，企业在上市、上柜前均需在兴柜市场挂牌交易满6个月。目前在大陆股票市场，这种不同层级市场之间的联系尚未建立起来。在场外市场与主板市场之间建立有机联系，明确不同层级市场之间的关系，可以使场外交易市场的功能能够顺畅发挥。

6. 主板与场外交易市场、场外交易市场之间的转板制度十分重要

纵观国际资本市场发展史，多层次资本市场的构建是适应企业发展的不同阶段和投资者不同的收益风险偏好而自然演进形成的，具有逻辑的层次性和统一性。各个层次市场标准的不同设置虽然表现出内在逻辑的层次性，但没有体现逻辑的深层统一，所以必须在各个市场之间架设起流通渠道，使企业能够在各个市场之间自由流动，这个流通渠道就是有升有降的转板机制。主板市场与场外市场、场外市场各层级之间得以相互流通。

转板制度融通了各层级资本市场，有两方面益处：第一，从企业的角度看，当发展到一定阶段，符合进入高一层次市场的条件时选择转板，可以扩大投资者基础，这对于提高股票流通量，吸引投资资金，提高企业知名度等将有很大帮助。第二，从资本市场建设的角度看，通过转板机制可以使多层次资本市场成为有机整体，有利于调整产业布局，扶植优质企业，淘汰落后企业，提高整个社会的资源配置效率。

7. 做市商制度需要不断创新

从发达国家（地区）场外交易市场做市商制度的发展演进的过程可以发现：在做市商制度实施早期，由于交易股票的报价完全由做市商提供，做市商集体合谋，加大买卖差价，获取非法利润的问题难以避免。而且由于做市商利益的约束，仅依靠证券商协会的自律并不能解决此类问题。直到电子报价系统的出现，才增强了市场价格反馈的能力。表面

上看是将投资者和做市商的报价通过计算机同时显示出来，但其本质是竞争报价机制的引进，以致做市商不得不降低买卖报价差价，来提高自身的竞争力，结果大大降低了投资者的交易成本。

做市商制度发展演进历程表明：①混合型做市商制度由于兼具竞价交易制度和做市商制度的优点，已经成为场外交易市场发展的一种趋势，一方面通过竞价机制可以抑制传统做市商制度对投资者权益的侵害，同时，通过做市商制度又可以弥补竞价交易制度在对流动性市场可能发生的流动性不足、大宗交易不便等缺陷。②做市商制度在场外交易市场具有相当重要的地位。由于做市场制度具有创造市场、吸引投资者的优点，因此对低流动性的场外交易市场具有普遍的适应性。

需要指出的是，混合型做市商交易制度虽然是将传统的做市商、集合竞价、连续竞价及协议转让相结合，而形成的一种新的交易制度，但并不是各种交易方式的简单堆积，其中，各种交易制度的具体结合方式及其组合，不仅依不同国家（地区）的具体国情及资本市场发展的程度而不同，而且不同的组合方式也会在实践中显示出不同的效率水平。

四、证券交易所市场与中小企业融资：国际现状及发展新动向

我国正致力于建设以场内和场外为主的多层次资本市场体系。有一种观点认为，目前场内市场建设已基本完成，今后应以场外市场建设为主[①]。然而，必须强调的是，场外市场建设固然重要，但绝不能由此忽视场内市场的制度完善。一方面多层次资本市场体系需要场内和场外市场的协调发展。另一方面我国当前的场内市场，即证券交易所市场，其自身建设远未完成。其中，突出表现在为中小企业提供融资服务的功能明

① 如《中国场外交易市场发展报告（2010～2011）》即持此观点。

显不足。

即使在英美等资本市场高度发达的国家（地区），在利用证券交易所为中小企业提供融资服务方面也存在很多问题，所幸相关的尝试和探索一直未曾停止。2008 年全球金融危机爆发后，一些新的因素驱使许多国家加大了改革力度，服务中小企业融资成为证券交易所普遍确立的战略重点，由此也衍生出一些新的发展动向。有鉴于此，本报告拟对当前发达国家（地区）证券交易所服务中小企业融资的现状和新动向进行深入分析，目的在于检讨我国现状，并从国际经验中获取有益的启示。毕竟，在全球各国逐渐对"金融必须服务于实体经济"这一根本目标达成共识的背景下，证券交易所如何更好地服务于中小企业融资，是我国与多数经济体面临的共同挑战。

1. 现状

（1）在广泛存在着融资缺口的情况下，证券交易所市场与银行等其他融资渠道相比更少为中小企业所依赖

中小企业融资难是全球各国普遍遭遇的难题。面对规模小、收入和现金流有限、信息不对称严重的小企业而言，各类融资渠道似乎都丧失了用武之地，因此存在着广泛和巨大的中小企业融资缺口。不过，就各类外部融资渠道的比较而言，一般情况下，中小企业更加依赖银行贷款或者风险投资/私募股权（VC/PE），证券交易所则相对更加非主流。最新的数据支持来自英国中小企业的调查结果①。在 2011 年寻求外部资金的中小企业中，银行仍然是最主要的融资渠道，而利用债券和股票市场的极少。对于那些具有高增长潜力的创新型企业而言，则较多使用私人 VC、PE 融资，同样很少采用公开市场融资②。

（2）证券交易所市场自身及监管环境存在很多问题，使其未能为中

① "SME access to external finance", BIS paper, Jan. 2012。

② 理论上的一种解释是，由于存在很高的信息不对称以及代理成本，中小企业融资服务更适合由私人的 VC、PE 来处理，因为他们专业的经验和技能有利于对企业进行扶持和监督，而公开证券市场则缺乏这类特殊投资者。

小企业提供优质的金融服务

证券交易所在中小企业融资结构中的分量极低，除了来自中小企业的原因之外，证券交易所自身和监管也难辞其咎。

①对利润最大化的追求使得交易所更倾向于大企业。从20世纪90年代起，多数地区的交易所出现了一股由会员制转制为股份制的浪潮。组织形式的转变使得交易所成为追求利润最大化的机构，规模经济效应更为显著的大公司自然成为交易所的宠儿，中小企业则相对缺乏吸引力。

②监管环境并不利于中小企业通过股票市场进行融资。全球范围的一个普遍现象是：有关证券交易的各种监管和法律法规主要是为蓝筹股、大公司量身定做的，对于小公司来说，往往显得限制过严，监管负担过重。这样使得小企业在公开市场上市和股份交易的成本往往超过了受益，投资者对中小企业股票的投资回报也偏低。

（3）证券交易所服务中小企业的相关探索并没有中断，已有越来越多的国家建立起了专门面向中小企业的股票市场

尽管整体上证券交易所更倾向于大企业，但值得庆幸的是，中小企业并没有被完全抛在脑后。早在20世纪80年代，欧美地区已经出现了所谓“初级市场”（junior market）这一概念，是指主板市场（main market）之外的，专为小公司建立的股票交易平台。许多股票交易所都建立了自己的初级市场。不过多数经历了短期繁荣之后，因遭遇业务稀少和流动性等问题，纷纷关闭。20世纪90年代中后期，伴随着高科技公司的兴起，欧洲又出现了新的一轮初级市场建立热潮。然而，随着2000～2001年互联网泡沫的破灭，多数市场又宣告失败。著名的失败例子包括1992年由“美国股票交易所”（AMEX）发起建立的“新兴公司市场（ECM）”，于1995年关闭；伦敦股票交易所则于1996年关闭了其初级市场——“未上市证券市场”（USM）。

不过，尽管许多尝试纷纷失败，但证券交易所并没有停止通过建立初级市场为中小企业提供融资服务的努力和探索。近年来，出于自身产业结构调整和经济发展的考虑，越来越多国家的政府出面支持初级股票市场的建立，以试图填补新兴成长企业的股权融资缺口。相应的，专门

面向中小企业的股票交易所纷纷成立。表4显示了世界交易所联合会（WFE）的统计结果。可以看出，相比2006年，2011年专门针对中小企业的股票交易所，从数量、市值以及上市公司数量等指标来衡量均有显著发展。

表4　　　　全球中小企业交易所状况

年　份	2006	2011
交易所数量（个）	28	34
市值（百万美元）	491482	759582
上市公司数量（个）	7271	9070

资料来源：World Federation of Exchanges，annual reports。

2. 改变的驱动力

在不断变化的世界中，一些背景因素正驱动着证券交易所为中小企业融资服务的格局酝酿着新的发展动向。

（1）与金融危机相关的多种因素推动着证券交易所将服务中小企业作为新的战略重点

以往，专门针对中小企业的初级股票市场往往只是作为主板市场的附属物而存在，虽然重要，但还不足以上升到战略高度。然而，金融危机后，上述情况发生了变化。

①危机爆发后，由于大企业纷纷受创、经济复苏缓慢、失业率居高不下等原因，小企业因在创新和就业等方面的独特作用而普遍受到了空前重视。

②由于金融危机和相应的针对银行的新监管要求，使得银行降低了对中小企业的融资支持，对银行以外资金的需求显著提高。

③金融危机对资本市场形成重大打击，使其声誉受损，迫切需要重新回到支持实体经济发展的轨道上来。

（2）风险投资出于建立有效退出通道的需要，不断推动证券市场向中小企业倾斜

在欧美，证券交易所向中小企业倾斜，背后的主要推手来自风险投

资者。2004 年，欧洲私募股权和风险投资协会发表报告称，尽管之前很多中小企业交易所都宣告失败，但风险投资协会仍然会不断推动这一市场向前发展（EVCA，2004）。风险投资家之所以成为股票市场面向中小企业发展的一个重要推动力，根本原因在于他们需要股票市场为自身提供一个有效的退出通道。在交易所 IPO 上市，往往成为 VC 最终成功的标志。

然而，近十几年来，特别是在美国，由 VC 提供融资支持的企业能够以 IPO 作为退出通道的越来越少，只能大量依靠并购通道（见图 6）。这显然限制了 VC 行业的发展。正因为如此，在美国，2012 年新颁布的旨在恢复中小企业 IPO 市场活力的《乔布斯法》，背后的主要推动者是一个由风险投资家主导的工作小组。

（3）市场积累的经验教训为中小企业股票市场的进一步制度完善奠定了深厚基础

20 世纪 80 年代以来，在多数初级股票市场失败的同时，也有少数生存下来并大获成功的案例，例如美国的 NASDAQ、日本的 JASDAQ 等。与此同时，在失败案例基础上也衍生了一些新的有益尝试。例如，1995 年由伦敦股票交易所建立的 AIM 市场，被公认为是相当成功的中小企业股票市场[①]，就是建立在之前“未上市证券市场”（USM）失败的基础上的。由此，经过数十年的发展，市场已经积累了宝贵的经验教训，足以为证券市场更好地服务中小企业融资提供借鉴。

简单来说，这些经验教训主要可以总结为以下几点。

①面向中小企业的证券交易平台应与主板市场独立运行，拥有独立的运作规则和管理机构，以便更好地服务客户。

②应正确处理好初级市场与主板市场的关系，激励更多成功企业更长时间地留在初级市场，实现企业与市场的共同发展，而不是一味向主

① 自启动以来，AIM 市场对英国经济做出了很大贡献。根据其 2012 年发布的评估报告，从 1995 年成立到 2009 年，AIM 市场支持了超过 3100 家公司的发展，筹资 680 亿英镑资本。2009 年，AIM 上市公司对英国 GDP 的直接贡献达到 120 亿英镑，并雇佣 25 万员工（全日制）。通过供应链和其他渠道，间接贡献了 94 亿英镑的 GDP 以及 32 万个全日制工作机会。

板市场输送[①]。

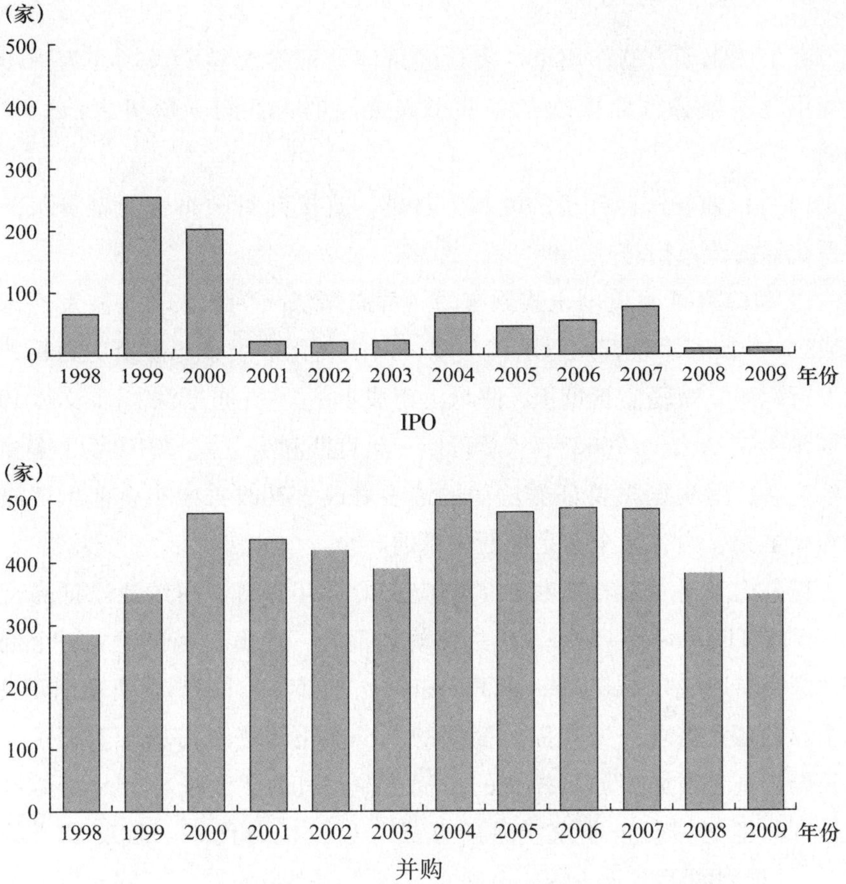

图 6　美国 VC 支持的企业通过 IPO 和并购退出的数量对比

资料来源：转引自 Ritter，2012。

③采用不同于主板市场的交易模式，例如竞价与做市商相结合的混合交易制度。

---

① 以前很多失败的初级市场都面临着严重的逆选择问题。成功的企业“毕业”去了高级市场，留下的都是不成功的企业，影响了初级市场的名声，降低了吸引力。

3. 发展新动向

在上述驱动力的作用下，发达经济体的证券交易所市场在为中小企业提供融资服务方面出现了一些引人关注的、不同于危机之前的发展动向。

（1）以监管法律环境的改善为基础，直接针对中小企业融资服务推出系统性的改革措施

以2012年4月美国正式颁布的《乔布斯法》为代表，一些发达国家（地区）开始着手改善监管法律环境，以便利化中小企业融资为目标，简化发行程序，减轻监管负担，降低上市成本[①]。《乔布斯法》涉及对1934年《证券交易法》、2002年《萨班斯—奥克斯利法案》、2010年《多德—弗兰克法》等美国重要证券法律的诸多修改，其改善中小企业融资服务的力度之大、内容之全面是前所未见的。

正是出于对《乔布斯法》的响应，2012年7月，纽约泛欧证券交易所（NYSE Euronext）发布一份战略规划报告，提出要尽快建立一个创新企业家交易所（Entrepreneurial Exchange），专门应对中小企业和创新成长型企业的融资需求，为其提供简便的、个性化的资本市场融资渠道，并为长期投资者增加更加多样化的投资选择。纽约泛欧证券交易所雄心勃勃地宣称将把创新企业家交易所办成“后危机时代新一代交易所的起点”，其规划的很多业务特征也确实与以往的交易所有所不同，例如：①拒绝高频交易[②]，强调把实体经济的融资需求和长期投资结合起来。②创新融资产品，如提出“直接公开上市”（DPO）的概念，不通过中介机构而直接向公众出售股份。③重视债券融资，如将首次债券发行（IBO）提到与首次股票公开发行（IPO）并重的地位。许多类似的改革措施在其他国家也多有所见[③]。

---

① 详见作者调研报告《美国乔布斯法（JOBS ACT）分析及对中国的启示》。

② 这与危机前高频交易在美国证券市场占据主流地位形成鲜明对比。

③ 如许多欧洲的股票交易所最近开发了以中小企业为目标的债券平台。

(2) 在现有政府支持措施基础上，呼吁进一步加大财税激励力度，以增加中小企业股票市场的吸引力

信息不对称严重、资产缺乏流动性等问题是限制中小企业利用资本市场融资的最大障碍。这是单纯依靠市场机制所无法解决的，因此有政府干预的必要。英国初级资本市场 AIM，背后拥有政府的多项财税支持，构成其成功的不可或缺因素之一。

英国政府对 AIM 市场的最重要支持有两项：①对风险资本信托基金（VCTs）的支持。VCT 是在伦敦股票交易所主板市场上市的集合性投资工具。政府通过资本利得税、所得税和红利等税收减免政策，要求 VCT 必须要把其筹资的至少 70% 投资于新发行的中小企业股票中。税收优惠一定程度上抵消了投资于小市值成长性股票的较高风险。自从 1995 年引入以来，到 2009 年末，VCT 计划已经筹集了 36 亿英镑资金，其中，超过 8 亿英镑是投资于 AIM 市场。除了资本以外，接受 VCT 投资的公司还可以从 VCT 管理人处获得专业技能以及相关行业的知识。②企业投资计划（EIS）。EIS 提供了一系列的所得税和资本利得税的减免，鼓励个人投资者直接投资于小市值股票。该项目自 1993 ~ 1994 年启动以来，直到 2007 ~ 2008 年的 15 年间，共有超过 1.5 万家公司通过 EIS 首次获得了资金注入，筹资金额超过 70 亿英镑。

2012 年 9 月，AIM 发布报告，呼吁英国政府进一步改善财政激励手段。主要诉求包括：①允许 VCT 参与二级市场投资，以提高市场流动性；②扩大受惠于 VCTs 投资的中小企业的参与面；③降低投资微型公司的资本利得税。

(3) 以服务中小企业融资为目标，重新反思交易所市场的“去相互制”和合并浪潮

前面提到，自 20 世纪 90 年代起，全球证券交易所出现了一股“去相互制”的浪潮。与此相呼应的则是交易所合并浪潮。因为在利润最大化目标驱动下，通讯和计算机技术的发展使得集中化的市场变得更有效率、交易更为廉价。合并浪潮的顶点是 2007 年 Euronext 与 NYSE 的合并、OMX 与 NASDAQ 的合并。

然而，随着2008年全球金融危机的爆发，越来越多的国家开始对交易所市场的“去相互制”和合并行为进行反思。其中一个重要考虑就是中小企业融资问题。因为在股份公司制和合并带来的集中化管理及庞大规模下，交易所的管理和运营体系很可能离本地的大量中小企业越来越远，无法满足其特定以及小规模筹资的需求。这种疑虑反映在现实中，有些国家已经在考虑重新引入交易所的早期组织形式——相互制，而且几宗重要的交易所合并申请都被否决。例如，2011年澳大利亚政府否决了新加坡证交所（SGX）与澳大利亚证交所（ASX）的合并申请；2012年2月欧盟委员会否决了德意志交易所与纽约泛欧交易所集团的合并申请。

4. 对我国的启示

我国正通过多层次资本市场的建设来鼓励中小企业和创新型企业利用资本市场融资。在场内市场方面，2004年启动深圳中小板、2009年启动深圳创业板。在场外市场建设方面，正推进新三板扩容、搭建统一监管框架等。此外，还采取一些措施推动风险投资、私募股权的发展。这些都是很好的努力方向。在此背景下对比国际状况和发展新动向，带来以下几点有益的启示。

（1）应加强研究，澄清一些认识误区

我国在相关议题上仍存在很多认识上的误区，例如对场外市场和场内市场的区分、初级资本市场与场外市场的区分等还缺乏清晰的认识。一个例子是，NASDAQ经过多年发展，已经从OTC市场衍变为场内市场，但当前我国很多研究仍将之视为场外市场。

（2）认真借鉴和吸收国际经验教训

比如，多层次资本市场建设的一个关键环节是转板制度，那么如何看待转板制度？目前的主流论调多是强调其建立的必要性，很少考虑负面影响。但国际上许多中小企业股票交易所失败的经验表明，如果处理不当，主板市场可能成为初级市场的抽水机，影响后者发展。因此必须要通盘考虑市场的布局，在转板制度建立的同时，应加强初级市场自身建设，增加其吸引力，使之成为高级资本市场的有益补充，而不是单纯的优质企业输送管道。

（3）从国际新动向中把握我国未来改革措施的总基调

在金融服务于实体经济的总目标下，相关的证券市场改革措施应该考虑国际发展的新动向。例如不引入高频交易；对交易所合并和组织形式的变更持谨慎态度；尽快研究出台政府对创业板市场的财税激励措施等。

朱明方 国务院发展研究中心金融研究所副研究员
张承惠 国务院发展研究中心金融研究所所长、研究员
田　辉 国务院发展研究中心金融研究所副研究员